CLAUDIA CHIANESE

COACHING INTEGRAL PARA EDUCACIÓN SECUNDARIA

Herramientas prácticas para su profesorado

Primera edición: febrero 2025

Diseño de cubierta: Raquel Pineda Sotés

Horsori Editorial, S.L.
Neopàtria, 93, local
(08030) Barcelona
http://www.horsori.net

© Claudia Chianese, 2025
© Horsori Editorial, S.L., 2025

Depósito Legal: B 4095-2025
I.S.B.N.: 978-84-129850-0-9
Impreso en Podiprint

ÍNDICE

A Dani, Martina y Luca,
por su paciencia infinita
y por ser mi mejor equipo

AGRADECIMIENTOS

Quien me conoce sabe lo que ha significado para mí escribir este libro; ha sido el broche final de un viaje que empezó con mi doctorado, y que no hubiera sido posible sin personas maravillosas e infinitamente generosas que se han cruzado por mi camino.

Así que me gustaría agradecérselo a todas y cada una, empezando por Dani, mi compañero de viaje, mi *coach* personal y mi fan incondicional, que desde más de dos décadas me sigue en todas mis aventuras y cree en mí, más que yo misma. A Martina y a Luca, mis hijos y amores. Vuestra paciencia, comprensión y empatía, han sido mi principal motor.

A mis padres y a mi hermano, que tenían claro, antes que yo, que acabaría escribiendo este libro… "¡también!".

Al que fue mi director de tesis, el Dr. Miquel Àngel Prats, y ahora compañero y amigo, por guiarme durante mis años de doctorado, así como ahora, por proponerme proyectos retadores.

A todos mis amigos y compañeros de profesión, por compartir experiencias, inquietudes y conocimientos, siempre que los necesito.

A mis clientes, de escuelas, universidades y empresas, por ser mi fuente constante de disfrute e inspiración.

A Elena, la Dra. Lauroba, por animarme a convertir mi trabajo de investigación en un libro, más divulgativo, así como a la Dra. Vicenta Serra, por ser la semilla de este gran viaje. A todos los doctores que me inspiraron con sus conversaciones, así como a las organizaciones del mundo del *coaching*, de la inteligencia emocional y de la disciplina positiva, para ayudarme a dar fundamento a un mundo con aún mucho intrusismo.

A Núria, mi editora, por su ayuda y por decirme sí, desde el primer momento.

Finalmente, a mis queridos alumnos y alumnas, que me han acompañado y siguen haciéndolo a lo largo de todos estos años y a todo el profesorado, especialmente al de secundaria del centro protagonista de esta historia, por su generosidad, confianza, implicación y cariño. ¡Este libro lo dedico a todos ellos, los grandes héroes desde la trinchera, los que con vuestra dedicación y pasión por educar hacéis que valga la pena luchar por un cambio tan necesario!

Gracias, *gràcies* y *grazie* a todos ellos y a los que, aunque no haya mencionado, se sentirán identificados en estas páginas.

Sala de profesores en Navidad

INTRODUCCIÓN

En el escenario actual, donde las emociones adquieren cada vez más importancia, dentro y fuera de los centros educativos, desde 2011 las competencias emocionales (CEmo) se han incluido en el currículo de educación en el grupo de competencias básicas para la vida. Se consideran necesarias para que las personas puedan desarrollarse de manera integral y tengan éxito en su labor profesional y, por ello, el alumnado tiene que dominarlas al finalizar la escolaridad obligatoria (Riquelme, 2012). A esto se añade que, nunca como ahora, tras la crisis sanitaria que vivimos por la COVID-19, se ha visto tan necesario tener que preparar a nuestros estudiantes, desde su más temprana edad, para gestionar sus emociones, desarrollando sus CEmo, para afrontar con éxito la incertidumbre que experimentamos y que probablemente nos acompañará el resto de nuestras vidas (Heredia, 2020).

En este cambio que está viviendo el mundo de la educación, uno de sus principales actores viene a ser, precisamente, el protagonista de nuestro libro: el docente[1], sus CEmo y cómo desarrollarlas, dado que, para poder acompañar al alumnado en su gestión emocional, el primero que tiene que dominarlas es su profesorado.

Blanco (2018) afirma que la misión del docente actualmente no es la de transmitir contenido académico, sino la de desarrollar habilidades de pensamiento y aprendizaje, así como fomentar el equilibrio emocional y social del alumnado, empezando por su propia conducta, dando ejemplo. Por lo tanto, el modelo tradicional de enseñanza administrada de manera asimétrica, que se ha consolidado durante más de dos siglos de historia y en los cuales el docente ha sido siempre la mayor fuente de conocimiento para el alumnado, en el siglo XXI, ya no funciona. Hay que pasar a una enseñanza-aprendizaje que logre que el estudiante sea responsable de su capacitación y el profesorado un facilitador del mismo (Poblete, 2006) y que le acompañe en esta transformación.

---

[1] Para facilitar la lectura del texto, la editorial utiliza el masculino genérico, entendiendo que en todos los casos se refiere a ambos géneros.

La complejidad que presenta esta transición puede ser facilitada mediante la introducción de procesos que sirvan para acompañar al docente durante este cambio.

Cuidar de su equilibrio personal, volver a venerar socialmente su trabajo, acompañarlo y apoyarlo en el aula es, precisamente, el foco de lo que algunos autores, como el mismo Blanco (2018; 2020), denominan «*coaching* escolar estratégico» y foco principal de este mismo libro.

Nos queremos centrar en lo que de ahora en adelante llamaremos "*Coaching* en Educación" (CEd), entendiéndolo como un proceso reflexivo que, aplicado al ámbito de la educación, reúne los requisitos necesarios para apoyar al docente a que realice este cambio y desarrolle sus CEmo, fundamentales para generar unas buenas condiciones de aprendizaje, y necesarias para acompañar al alumnado en su desarrollo integral, tanto cognitivo como emocional. No es casualidad que sean justo estas últimas competencias las que más se asemejan a las que un *coach* utiliza para desempeñar su rol (Albadalejo, 2010).

Blanco (2020) considera que la «médula del proceso educativo» está en la relación que consigue generar el docente con cada uno de sus estudiantes, y define la educación como una obra de arte y una relación personal. Recordamos la etimología de la palabra educación, que tiene por lo menos dos étimos latinos: *ēdūcere* y *ēdūcāre*, el segundo de los cuales deriva del primero. Lo importante es que *ēdūcere* se divide en *ex* ('sacar') y *ducere* ('guiar, conducir'), así que, etimológicamente, significa 'promover al desarrollo (intelectual y cultural) del educando', es decir, desarrollar las potencialidades psíquicas y cognitivas propias del educando desde su intelecto y su conocimiento haciendo que dicho educando sea activo en este proceso. Educar significa, por lo tanto, 'guiar a la persona para que saque lo mejor de sí, mirar al otro desde lo que es y lo que puede llegar a ser, creyendo en este, incluso más que la persona misma' (Martín, 2020). Nos resultó revelador observar que el trabajo de un *coach*, que describiremos brevemente en el primer capítulo, tiene precisamente el mismo objetivo que la educación: *ayudar y acompañar a las personas a liberar su potencial y a conectarlas con su mejor versión para que consigan sus objetivos y vivan más completos y felices.*

Origen y fuente de inspiración de este libro fue un caso de estudio real de unos docentes de Educación Secundaria Obligatoria, de un centro en Cataluña, que participaron dentro del marco de la investigación de una tesis doctoral, en un programa integral de intervención de CEd para desarrollar sus competencias emocionales. Su principal objetivo es dotar precisamente a este colectivo de herramientas prácticas del mundo del *coaching* que puedan aplicar en el aula y fuera de ella para acompañar su alumnado a desarrollarse integralmente como personas, empezando por su educación emocional.

El libro se divide en tres partes.

En la *primera*, en el capítulo uno, se introduce el concepto del *coaching*, así como sus principales modelos y sus herramientas. Más en concreto se profundiza en el CEd, definiéndolo e identificando los distintos colectivos a los que se dirige y los beneficios que aporta a cada uno de ellos. Se menciona el perfil del docente-*coach* y las habilidades que necesita para desempeñar su rol.

En el segundo capítulo introducimos el concepto de educación emocional, el de inteligencia emocional, así como el de las competencias emocionales y se presenta el modelo pentagonal de CEmo del Dr. Rafael Bisquerra, usado para el caso práctico descrito en la segunda parte del libro.

El tercer capítulo describe qué puede aportar el *coaching* a la educación emocional y a sus programas, contribuyendo al desarrollo de las competencias emocionales de los diversos miembros de la comunidad educativa.

La *segunda* parte del libro trata del caso práctico y se divide también en tres capítulos, describiendo el programa de *coaching* integral en educación que se llevó a cabo en un centro escolar de secundaria de Barcelona. En el capítulo cuatro se describe el contexto de la escuela, con su historia y filosofía y se detectan las necesidades del centro y de sus principales actores. En el quinto se profundiza en el programa de intervención y en qué consistió, así como en las herramientas prácticas usadas en la formación, para dotar al lector de toda la información necesaria por si quisiese llevar a cabo actividades similares. Finalmente, en el sexto capítulo, se resume lo que funcionó del programa, de qué sirvió y lo que más valoraron los agentes del centro.

La *tercera* y última parte del libro se divide, a su vez, en dos capítulos y quiere ser un apartado recapitulativo, con las principales conclusiones del caso descrito y unas recomendaciones finales a modo de decálogo, sobre cómo se podría dar continuidad a programas similares en los centros escolares.

Esperamos podáis disfrutar de su lectura y que cada lector le encuentre su mejor sentido y uso práctico.

PARTE 1:

EL *COACHING* Y SU APLICACIÓN PARA EL DESARROLLO DE LA EDUCACIÓN EMOCIONAL EN EL ÁMBITO ESCOLAR

CAPÍTULO 1

¿QUÉ ES EL COACHING EN EDUCACIÓN?

1. ¿Qué es el *coaching*?

Siendo conocedores que durante esta última década se ha publicado ya un extenso material sobre que es el *coaching*, de donde procede y su aplicación en varios ámbitos, nuestro objetivo en este libro es dotar al profesorado de herramientas prácticas para su uso en el aula y en su profesión, apoyándoles en el desarrollo de sus competencias emocionales y las del alumnado. Por otra parte, si nuestros lectores estuviesen interesados en refrescar lo relativo a los orígenes del *coaching* y de su concepto, les dejamos las referencias de distintos autores en los anexos.

Lo que sí nos parece importante subrayar es que, actualmente, existen varias posturas sobre qué es el *coaching*, algunas más abiertas, más positivas y más dadas al aprendizaje y al desarrollo de nuevos proyectos mediante su uso, y otras más escépticas, que se resisten y que lo consideran más una moda que algo que ha llegado para quedarse. En el transcurso de este libro dejaremos clara cuál es nuestra posición al respeto, dejando libre al lector de hacer lo mismo.

Por lo tanto, tras una breve definición de lo que entendemos nosotros por *coaching* y cómo y en qué contextos puede aplicarse, profundizaremos en su uso en el sector educativo, donde hemos podido constatar, como profesionales de esta disciplina, que el término *acompañamiento* parece ser mejor aceptado que el de *coaching*. Esta forma de acompañamiento facilita un espacio donde se puede observar, pensar y ahondar en los desafíos de las personas para permitirles realizar un cambio y un aprendizaje que les facilite alcanzar sus retos. Este camino hacia el aprendizaje tiene en cuenta la parte emocional y relacional, que puede limitar o potenciar este cambio y ayuda a las personas que lideran equipos y grupos a revisar su forma de ser y de actuar, aprender de ello y crecer. Pero vamos por partes: ¿Qué entendemos nosotros cuando hablamos de *coaching*?

Tras una extensa revisión de la literatura[2] sabemos que en España el termino llegó a finales de los noventa, sobre todo aplicado al mundo de la empresa y, en la actualidad, podemos encontrarlo en otros terrenos, como el personal, el de la salud, el familiar y, precisamente, el académico o educativo, entre otros. Sin ánimo de extendernos más en este apartado, después de varios años de investigación, queremos compartir nuestra definición de que es el *coaching*:

El *coaching* es un proceso de acompañamiento sistemático y personalizado, basado en una relación de confianza y respeto mutuo, igualitaria y colaborativa, que, mediante el uso de técnicas profesionales concretas, permite conseguir el máximo potencial del *coachee* que, gracias a la mejora o adquisición de competencias, tanto personales como profesionales, puede lograr el cambio que se haya propuesto (Chianese, 2021).

En cuanto a sus principales fuentes teóricas, solo mencionar que los antecedentes del *coaching* se pueden encontrar en varias disciplinas distintas entre sí. Siguiendo la identificación de Chornet (2015) coincidimos que son principalmente estas tres: la filosofía, la psicología y el mundo del *management*. Si se quiere profundizar en ellas, invitamos el lector a mirar en los anexos (código QR1, referencias bibliográficas libro).

2. Herramientas del *coaching*

Para alcanzar con éxito su objetivo, el *coach* se apoya en diferentes competencias y herramientas. Entre estas nos parece interesante la distinción que hacen Moral y Ángel (2009, citados en Bécart, 2015) que distinguen las *herramientas grandes* (los modelos que sostienen el *coaching* como disciplina), de las *herramientas pequeñas* (las técnicas y los instrumentos externos e internos más concretos usados por estos modelos que forman y sustentan el *coaching*).

---

[2] El lector encontrará una síntesis de esta revisión bibliográfica sobre la definición de coaching en la siguiente tabla: https://n9.cl/sbdoy

2.1. Modelos

GROW es el modelo más reconocido por distintos autores (Bou, 2013; Sánchez y Boronat, 2014; Sánchez-Teruel, 2013). Fue creado por Alexander y Fine y dado a conocer, en un segundo momento, por Withmore en 1992. El GROW se basa en un método de cuatro pasos (Bécart, 2015) y representa la esencia del *coaching,* pues está *muy centrado en el objetivo*:

1. Establecer la meta (*goal*) de la sesión o bien del proceso entero.
2. Examinar el contexto (*reality*) para describir el punto de partida del cliente.
3. Identificar las opciones (*options*) y las dificultades.
4. Diseñar un plan de acción para lograr la meta inicial (*will*).

Aparte del GROW hay varios modelos más, aunque ninguno puede considerarse estándar, dado que su aplicabilidad es muy distinta. No hay uno que predomine sobre otro y lo que sí aconsejamos es seleccionar uno para dar estructura y forma a un proceso de *coaching,* facilitando los indicadores que permitan hacer su seguimiento en todas sus fases.

Por el caso real descrito en la segunda parte de este libro seleccionamos el modelo SER MÁS, de la doctora Beatriz Valderrama (2015). Lo elegimos fundamentalmente porque tras profundizar en otros, lo vimos como un modelo claro y didáctico, que capta y mantiene la esencia de lo que es el *coaching,* y que, a su vez, es sencillo, fácilmente entendible para cualquier colectivo, aunque no tenga nociones de *coaching* anteriores. Su nombre compuesto (SER MÁS) hace referencia a Stephen Covey, autor de unos de los *best seller* sobre el desarrollo personal y profesional con más éxito de estas últimas décadas (*Los siete hábitos de la gente altamente efectiva*, 1989) que, guiándose por la sabiduría de Lao Tsé (siglo IV a. C.), dice que para poder «*tener, primero hay que hacer y para ello primero es necesario ser*». Por eso, para conseguir un reto u objetivo, hay que empezar por actuar y para ello hay que prepararse para ser la persona, el equipo o bien la organización capaz de lograrlo.

De ahí, la primera parte de su nombre, SER (las primeras tres fases), dado que primero el cliente se tendrá que centrar en desarrollar quién quiere ser para alcanzar sus propósitos y solo después de esto podrá aspirar a MÁS (las siguientes tres fases), (tabla 1).

Este modelo quiere ser justamente *integrador*, entre un modelo más ontológico, orientado al SER, y un modelo más ejecutivo, focalizado al HACER y a alcanzar un objetivo. El lector tendrá ejemplos concretos de herramientas prácticas a usar en cada fase del proceso.

Tabla 1. Fases del proceso del modelo SER MÁS

SINTONÍA: primero, en el proceso de *coaching* hay que construir la relación de confianza entre el *coach* y el *coachee*.

ESCUCHA: segundo, el uso de las preguntas (mayéutica socrática) en el *coaching* sirve para generar ideas usando el diálogo para generar el aprendizaje.

REENCUADRE: tercero, para que el *coachee* llegue a SER, tiene que librarse de las creencias que lo condicionan y lo limitan.

METAS: cuarto, hay que generar objetivos y retos que estimulen, visualizarlos para que las acciones del *coachee* y sus energías vayan encaminadas a alcanzarlas.

ACCIÓN: quinto, se define un plan de acción para alcanzar las metas que se han definido y visualizado anteriormente.

SOSTENIMIENTO: sexto, el *coach* tiene que apoyar al *coachee*, reforzando su trabajo, sosteniéndolo en el tiempo y ayudándolo en caso de que sufra recaídas.

Fuente: Chianese, 2021 (adaptación de Valderrama, 2015).

2.2. Técnicas y Herramientas

Una vez descritas las herramientas "grandes", los modelos, abordaremos brevemente las "pequeñas", que varios autores clasifican en internas y externas. El cliente marca sus objetivos y necesidades, y, en función de estas, el *coach*, gracias a su formación y experiencia, sabe qué herramienta es más conveniente usar según la persona, sus objetivos y el momento que está viviendo para acompañarlo en ese proceso.

Mencionamos las principales herramientas internas porque suelen ser más genéricas y suelen estar integradas en el perfil de competencias de lo que más adelante identificaremos como "el perfil del *coach* y sus competencias". En cuanto a las herramientas externas, somos conscientes de que el listado sería muy largo, por lo que nos limitaremos a mencionar solo las que hemos utilizado para nuestro caso real.

Técnicas y herramientas internas

Son las que se basan en las capacidades internas de un "buen" *coach*: la calibración, la escucha y sus diferentes tipos, la comunicación y sus otras herramientas (*rapport*, preguntas y *feedback*) y la intuición.

20

1. La calibración

Por calibración, según Bou (2013), se entiende «*la máxima expresión de la observación*». En concreto consiste en la capacidad de saber detectar las señales de la comunicación no verbal y por ello, justamente, es la observación de todas las variaciones o los cambios que se originan durante el proceso comunicativo con la otra persona.

En el caso de la calibración, podemos distinguir una escalera de calibración, con un primer nivel de vista biológica, en común con los animales; un segundo, de vista fingida, cuando parece que estamos viendo, pero no le ponemos emoción; un tercero, más selectivo, en el que miramos solo lo que coincide con nuestra forma de pensar; un cuarto, el activo, en el que sí estamos atentos a todos los estímulos que nos rodean, aunque desde nuestro sistema de referencia; y un último nivel, el de calibración empática, en el que sí percibimos y calibramos desde la referencia del otro, sin juzgar o anteponer nuestra visión de las cosas.

2. La escucha activa y los tipos de escucha

Saber escuchar es otra de las herramientas internas imprescindibles y una de las competencias básicas que un *coach* debidamente formado tiene que poseer para la práctica de su profesión. Algunos autores afirman que escuchar al interlocutor es la habilidad más importante de un *coach* (Giráldez y Van Nieuwerburgh, 2016) y, en concreto, escuchar activamente, que consiste en entender realmente el punto de visto del otro, cómo interpreta la realidad, qué piensa, sus emociones, lo que le preocupa y lo motiva, lo que desea y lo que le da miedo. Se pueden diferenciar varios tipos de escucha. Algunos modelos hablan de tres (*coaching* coactivo): escucha interna, enfocada y global, otros de cinco (*coaching* ontológico): desde ignorar hasta escuchar empáticamente, pasando por la escucha fingida, la selectiva y la atenta.

Cuando se ignora, el nivel más superficial, simplemente se perciben las ondas sonoras provocadas por el mensaje emitido por el otro, pero haciendo caso omiso de su contenido. El comportamiento no verbal dejará muy de manifiesto esta falta de interés por lo que el otro está diciendo, y no mantendrá contacto visual, ni predisposición física, ni tampoco ninguna de las distintas conductas que se adoptan cuando, por el contrario, se está en escucha activa. En cambio, si vamos al otro extremo, cuando se escucha empáticamente, que corresponde al nivel más alto al que puede aspirar un buen *coach*, se consigue ir más allá de la escucha activa y es posible ponerse realmente en lugar del otro, apagando por completo nuestra llamada «radio interna», entendiendo emocional y mentalmente a la otra persona (escucha enfocada). La mayor parte de las personas lo filtra todo a través de sus propios paradigmas (escucha interna), pero la escucha empática implica un cambio profundo, se trata de entrar en el marco de referencia de la otra persona y ver las cosas a través de ese marco; ver el mundo como lo ve la otra persona.

3. La mejora de la comunicación: *rapport*, preguntas y *feedback*

a) *El rapport*

El *rapport* sirve para mejorar la comunicación con el[3] *coachee* y, sobre todo, para generar contexto. Consiste en la capacidad de estar en sintonía completa con la otra persona, generando un clima de confianza y entendimiento. Por eso se dice que estar en *rapport* es estar en la "misma onda", teniendo consciencia de los sentimientos del otro, y, en *coaching*, es un requisito previo para la comunicación efectiva, la influencia positiva y el poder facilitar el cambio. Se suele relacionar el *rapport* con el lenguaje corporal, pero va mucho más allá. Consiste en reflejarse, igualarse o manifestarse tal como el *coachee* lo hace.

b) *El lenguaje y el poder de las preguntas*

La importancia de preguntar. En *coaching* y en el mundo de la educación, tan importante es la capacidad de escuchar como la competencia de preguntar, que es otra de las habilidades básicas que tiene que poseer un *coach* debidamente formado. Estas dos habilidades: escuchar y preguntar, están muy relacionadas entre sí y forman un circuito que se retroalimenta, puesto que se pregunta para conocer al otro y se escucha para entenderlo y poder preguntar de nuevo. Es muy importante dominar el arte de la pregunta, dado que el objetivo es que el mismo *coachee*/estudiante encuentre sus respuestas sin que sea el *coach* o bien el profesor quien se las ofrezca.

Cada pregunta abre un mundo de posibilidades, y esta es, sin duda, la base del *coaching* (Giráldez Hayes y Van Nieuwerburgh, 2016), donde no existe una única respuesta correcta.

En *coaching* se habla de «preguntas poderosas» (tabla 2), que son aquellas que llevan a quien se las formula a descubrir, reflexionar con mayor profundidad, ganar claridad, abrir posibilidades, aprender, comprometerse o ponerse en marcha. Se trata de llevar al *coachee*

---

[3] Para facilitar la lectura del texto, la editorial utiliza el masculino genérico, entendiendo que en todos los casos se refiere a ambos géneros.

fuera de su zona de confort para ayudarlo a considerar la realidad desde distintas perspectivas y avanzar.

Para poder formular preguntas poderosas, la curiosidad es clave para investigar y explorar qué es lo que le está ocurriendo al cliente. Hay que dar tiempo al *coachee* para que conteste y, por lo tanto, reflexione.

Tabla 2. Características de las preguntas poderosas y qué evitar preguntar

Qué debe tener una pregunta poderosa	Que se tiene que evitar al hacer una pregunta poderosa
1. Empezar con para qué.	1. Ser de fórmula o estar preparada.
2. Conducir a la acción.	2. Ser cerrada (que empieza con un verbo y suscita respuestas breves, como sí o no).
3. Ser positiva.	3. Incluir un consejo o una solución.
4. Llevar al *coachee* hacia el futuro.	4. Ser retórica.
5. Contener presuposiciones poderosas que ayuden al *coachee*.	5. Ser una interpretación encubierta.
6. Ser abierta (no pueden ser respondidas con un simple sí o no).	6. Empezar con por qué.
7. Dirigirse a la persona, no al tema.	7. Interrumpir o comentar algo mientras el cliente está hablando.
8. Ser corta, clara y concreta.	8. Ser tímido o reacio a interrumpir.

Fuente: Chianese, 2021 (adaptación de O'Connor y Lagues, 2005, Goldvarg y Perel de Goldvarg, 2012, Bou, 2013; Giráldez y Van Nieuwerburgh, 2016).

En la educación podemos identificar tres tipos de preguntas principales (tabla 3):

Tabla 3: Preguntas principales en la educación

Relacionadas con objetivos (Orientación al futuro y visión de cada uno)	Relacionadas con aprendizaje (Punto de partida de cada uno y pasos para alcanzar los objetivos)	Relacionadas con la acción (Orientación para definir el plan de acción de cada uno)
¿Qué quieres conseguir durante este curso escolar? ¿Estarías contento si…? ¿Cuál es tu sueño? ..	¿Qué te falta?, ¿Qué necesitas? ¿Qué debes aprender para lograrlo? ¿Qué es lo que deberás de dejar de hacer? …	¿Qué vas a hacer para lograrlo? ¿Cuál va a ser tu primer paso? ¿Qué/quien te puede ayudar a conseguirlo? …

Fuente: elaboración propia

c) *El feedback*

El *feedback* es un término inglés que significa «retroalimentación». Más concretamente consiste en dar información a la otra persona sobre su forma de hacer las cosas, su comportamiento o algo que haya dicho con el objetivo de reforzar, corregir o mejorar justamente sus competencias. Por ello «retroalimenta», porque se refiere a la información de retorno enviada a alguien sobre lo que ha dicho o hecho.

Es muy importante que el *feedback*, sobre todo cuando es de desarrollo, no se interprete como una crítica y, para que así sea, hay que respetar una serie de criterios que hacen referencia a cómo se tiene que dar y recibir un buen *feedback*. Las principales características que tiene que poseer para obtener unos resultados positivos es que sea inmediato, constructivo, se tiene que hacer al "hacer" y no al "ser", específico, honesto, sincero y estar hecho con las mejores intenciones.

Si se da o recibe de esta forma, sus beneficios son indiscutibles, dado que representa una potente herramienta de motivación para el *coachee*. Su eficacia consiste, sobre todo, en transformar la información que el destinatario recibe en acciones efectivas de mejora. Ayuda, por lo tanto, a potenciar los puntos fuertes del otro, a desaprender hábitos improductivos o ineficaces, y a aprender otros nuevos, generando mayor confianza entre *coach* y cliente, al mismo tiempo que una comunicación más fluida. En el ámbito escolar, en concreto, es necesario a la hora de evaluar al alumnado (Blanco, 2020) y parece ser crucial para el cerebro, sobre todo, en el caso de los adolescentes, etapa en la que se realiza una gran reorganización cerebral (Guillén y Forés, 2018). Si el profesorado lo pone en práctica consigo mismo, será más fácil aplicarlo en el aula con los estudiantes. Existen varios modelos de *feedback* y uno, en concreto, que recomendaríamos por su gran utilidad y aplicabilidad es el SBI[4].

4. La intuición

Citando las palabras de Bou en su primer libro, *Por la boca muere el pez* (2005), cuando hablamos de intuición nos referimos a

La capacidad humana y natural [...] que permite tener una percepción clara, íntima e instantánea de una idea o situación, sin necesidad de que medie el razonamiento lógico [...] Es una importante fuente de conocimiento de cuya procedencia no somos totalmente conscientes [...] que puede y necesita ejercitarse.

---

[4] SBI: Situation-Behavior-Impact del Center for creative leadership (CCL).

Es decir, la intuición nos ayuda a escuchar lo que no está tan claro o lo que estamos evitando y que a lo mejor es más importante que lo presente.

Técnicas y herramientas externas

Se llaman así porque, tal como dice Bou (2013), son las externas al *coach*. En el capítulo 5 nos detendremos a explicar con detalle las herramientas o técnicas externas usadas en nuestro caso real, entre ellas: la rueda de la vida, la autobiografía, los objetivos MARTE, etc.

A estas herramientas, se pueden añadir varias más, como, por ejemplo: la identidad pública, las metáforas, el mandala, la escalera de inferencias de Chris Argyris, la ventana de Johari, la línea del tiempo, los valores, etc. (Bou, 2013; Bou, 2015; Lamy y Moral, 2011; etc.). La mayoría las utilizamos con normalidad en nuestros procesos de *coaching* dependiendo de los objetivos que se haya marcado el cliente, sus necesidades y su momento vital.

3. Tipos de *coaching*

Simplemente queremos recordar al lector que se pueden realizar varios tipos de *coaching,* según los elementos que se decida tener en cuenta. Por ejemplo, es distinto si se hace a nivel individual o colectivo (de equipo), o si se aplica en un ámbito empresarial/ejecutivo, personal (*life coaching*), político, deportivo o, justamente, en uno educativo, y realizarlo puede aportar múltiples tipos de beneficios (ver punto 9).

Otra forma de diferenciar el *coaching* es según el objetivo que pretende lograr el *coachée* (personales, empresariales, deportivos, educativos, políticos, etc.) o según la orientación metodológica usada por el *coach*, su formación y el enfoque teórico y conceptual que haya decidido asumir (el modelo Grow, el *coaching* Wingwave, el ontológico, el coactivo, el enfoque a soluciones, etc.). Nunca tendremos dos *coach* que trabajen la misma manera.

Incluso podemos diferenciar el *coaching* por el tipo de contratación (casos donde es el cliente final mismo quien contrata el servicio, y, otros, como en el *coaching* ejecutivo, en el que una tercera parte, que suele ser el departamento de recursos humanos, lo hace como intermediario entre *coach* y *coachée)* o según el lugar donde se realizan las sesiones (*indoor/*dentro), o sea en el mismo lugar donde trabaja el *coachee*, o bien *outdoor/*fuera, en el caso de que el *coachee* se tenga que desplazar donde está el *coach* o a otro lugar.

4. Perfil y competencias del *coach*

Entendemos un *coach* como la persona que acompaña al *coachee,* o cliente, en su proceso de aprendizaje vivencial gracias a una serie de habilidades, actitudes y aptitudes que le permitirán guiarlo hacia una mayor competencia, compromiso y seguridad en él mismo –que ya hemos descrito como herramientas internas (ver punto 2)–.

El *coach* será alguien debidamente formado, capaz de crear un clima de confianza para que su cliente se sienta valorado y, por lo tanto, en posición de conseguir los objetivos que se haya propuesto. Varios expertos sobre el tema coinciden en que el *coach,* a parte dominar las herramientas internas (Sánchez-Teruel, 2013), tiene que ser capaz de generar espacios que permitan hacer reflexionar a su cliente, tener claros cuáles son sus valores, sus puntos fuertes o debilidades, descubrir sus emociones, sus sueños y acompañarlo desde donde está hacia donde decida llegar (Giráldez y Van Nieuwerburgh, 2016). El *coach* tiene que saber cuestionar las creencias que puedan limitar el crecimiento del cliente y, por lo tanto, el logro de los objetivos que se haya propuesto. Pedirá al *coachee* que se haga responsable de lo que quiere lograr y de cómo lo hará y le ayudará a definir un plan para alcanzarlo (Giner y Lladó, 2015).

COMPETENCIAS DEL *COACH* SEGÚN LA INTERNATIONAL COACH FEDERATION (ICF)[5]

Las competencias de un *coach* que han sido definidas por la ICF corresponden a las que cualquier *coach,* de distintos ámbitos, tiene que poseer para practicar un *coaching* en el marco de la excelencia y de la calidad.

Si el lector estuviera interesado en profundizar en el modelo competencial del ICF, le animamos a investigar en la misma web de la asociación donde encontrará todas las competencias desglosadas (ICF; 2019)[6]. Queremos mencionar que este modelo está sujeto a una continua revisión. La última fue en enero del 2021 y esta actualización se incorporó en los planes de estudios de los programas de formación de *coach* acreditados por la ICF. Esta misma revisión hace referencia

---

[5] International Coach Federation (ICF): organización sin ánimo de lucro, de asociación individual, fundada en el 1995. Líder mundial, formada por profesionales de todo el mundo que practican el *coaching* ejecutivo y personal, con más de 36.000 miembros en más de 143 países.

[6] https://www.icf-es.com/mwsicf/ser-coach-de-icf/competencias-coaching-icf-espana.

a ocho competencias clave y las agrupa en cuatro apartados con el objetivo, por un lado, de aclarar cuáles son las habilidades y los enfoques necesarios para ser *coach* profesional, por otro, para que la persona que quiera formarse en ello sepa con lo que se va a encontrar en un programa para *coach* y además se pueda preparar para un examen de certificación que la misma ICF realiza para poderse acreditar como tal.

Para nuestro caso real, a parte tener presente este modelo, hemos tenido en cuenta el de Valderrama (2015) que se basa en el diccionario de Goleman y en la experiencia de la misma autora en haber usado varios diccionarios de competencias (tabla 4).

Nos parece relevante destacar que las competencias de este perfil de *coach* coinciden, en gran parte, con las emocionales, que, como sabemos, son uno de los principales temas tratados en este libro. Valderrama distribuyó las competencias en tres áreas: por un lado, las que Gardner clasificó bajo el nombre de *inteligencia intrapersonal*, para que la persona tenga equilibrio y sea positiva; por otro, las *básicas*, para entablar una relación de ayuda; y, por último, las *necesarias* cuando trabajas con un equipo. A todas esta sumó la integridad, que se considera que es la misión principal del *coach*.

Tabla 4. Competencias del *coach* según Valderrama

Fase	Competencia
Sintonía	Empatía
	Desarrollo de personas
Escucha	Comunicación
Reencuadre	Autodesarrollo
	Flexibilidad
	Gestión emocional
Metas	Automotivación
Acción	Creatividad
Sostenimiento	Autoconfianza
Coaching de equipo	Facilitación de grupos
	Liderazgo
	Gestión del cambio
	Gestión de conflictos
Integridad	

Fuente: Chianese, 2021 (adaptación de Valderrama, 2015)

5. ¿Qué es el *coaching* en Educación?

Durante estos últimos veinte años, a raíz del cambio que la sociedad actual ha supuesto en la educación, el *coaching* se ha ido introduciendo cada vez más en este ámbito, y, concretamente, en el modelo de docencia, aspecto ya mencionado en la introducción. En este nuevo contexto, el *coaching* resulta ser una estrategia valiosa para el alumnado, para el profesorado y para toda la comunidad educativa para acompañarlos a lograr estos nuevos desafíos. Tal como bien apuntaban Bécart y Ramírez (2016), su éxito creciente en el mundo de la educación se debe principalmente a dos elementos:

1. Su naturaleza, que está intrínsecamente vinculada a los procesos educativos, ayudando al alumnado a aprender, no enseñando.
2. Su alineación con las nuevas misiones educativas, que tienen una relación muy estrecha con el desarrollo de las competencias.

La aplicación del CEd puede ir desde las tutorías individuales y en grupo a los procesos de mediación, a las reuniones con claustros, a los departamentos y a las familias, a los procesos de orientación académica o profesional, a las tareas de coordinación y dirección, a la formación para padres, etc. El CEd quiere ayudar a la persona, sea el alumnado, sea el docente, sea el directivo o el padre o la madre, a identificar sus capacidades, desarrollarlas y transformarlas en habilidades para usarlas en las situaciones que se generan en el contexto educativo (Bécart y Ramírez, 2016; Giráldez y Van Nieuwerburgh, 2016). Por ello, el rol del profesor y del *coach* se asemejan en el sentido de que el docente ayudará al estudiante a tomar consciencia de estas capacidades, identificar sus fortalezas y sus áreas de mejora, definir un plan de acción y cómo llevarlo a la práctica, adaptarse al entorno donde tendrá que desarrollarse, etc. Y para poderlo lograr el docente-*coach* tendrá que disponer de competencias similares a las de un *coach*, como detallaremos más adelante (ver punto 8).

De entrada, tal como citan algunos autores (Magalón, 2011; Sánchez Teruel, 2013), vemos que, al hablar de *coaching* aplicado al ámbito de la educación, se usa una terminología distinta y se diferencia lo que es el *coaching* en educación, del *coaching* educativo, del académico, del instruccional o bien del escolar (Blanco, 2018; Gabriel, 2012).

En este libro, decidimos emplear la expresión *coaching* en educación (CEd), porque nos hemos querido centrar en su aplicación en un centro escolar y no solo en su cualidad de apoyar en el logro de un objetivo y porque entendemos que se trata de un proceso orientado al desarrollo integral de la persona, que va mucho más allá de la mejora del rendimiento académico. Además, con *coaching* en educación, y no *coaching* educativo, nos referimos al uso del *coaching* como un proceso aplicado al sector de la educación, con lo que nos diferenciamos de la expresión *coaching* educativo, concepto que nos resulta algo pretencioso y ambicioso.

Tras analizar más de 30 autores y sus distintas definiciones, queremos compartir la nuestra de CEd (Chianese, 2021), entendiendo con ello:

> Un proceso de acompañamiento interactivo y no directivo, centrado en el aprendizaje y orientado al cambio, que pretende potenciar al máximo el éxito y el crecimiento de la persona mediante el uso de varias técnicas. Se basa en alternar momentos de reflexión con otros de acción para adquirir o fortalecer las competencias, con el fin último de desarrollar integralmente al individuo, entendiendo con ello a cualquier miembro de la comunidad educativa.

5.1. ¿A QUÉ COLECTIVOS SE DIRIGE?

Como acabamos de citar en nuestra definición, el CEd va dirigido a cualquier miembro del sistema educativo. Vamos a describir ahora el *coaching* dirigido a los principales agentes que intervienen en ello: los docentes, el alumnado, los equipos directivos, las familias y los otros implicados en la red social educativa.

Coaching para los docentes

Como introducimos, la sociedad actual está en constante cambio y es inevitable que, en este entorno, el rol del docente también exija una transformación. El docente tiene que generar un vínculo emocional con el alumnado para construir una relación de acompañamiento donde se pon-gan en discusión creencias, valores, emociones y actitudes. No todos los profesores están preparados, por lo tanto, necesitan ayuda para adap-tarse a esta nueva situación y el CEd puede resultar de gran apoyo para acompañar al docente a que reflexione y encuentre su nueva identidad como profesional de la educación. Brinda al profesorado una visión más optimista de su rol como tal, mejora sus habilidades de escucha y de gestión en el aula, compaginando su parte más profesional con la personal.

Los temas que hay que tratar en un proceso de *coaching* con docentes pueden ser varios y entre los más frecuentes encontramos: motivar al estudiante, mejorar la propia gestión del tiempo y las programaciones, incorporar metodologías alternativas, innovar o cambiar alguna práctica, promocionar a un nuevo puesto o función, crecer profesionalmente, buscar equilibrio entre la vida personal y profesional, gestionar el estrés, etc. El CEd ayuda a los educadores a potenciar aquellas creencias personales que le puedan resultar más útiles en su objetivo de guiar, orientar y generar un clima y una relación positiva con el alumnado, desarrollando unas competencias específicas que ya hemos descrito hablando del perfil de *coach* en general y que más adelante comentaremos al referirnos al docente-*coach* en particular (Blanco, 2018).

Para hacer CEd al profesorado normalmente se usan varias herramientas que son justamente las que hemos tenido en cuenta en nuestro caso y que describiremos más detenidamente en el quinto capítulo (Lunas-Arocas, 2020). Entre ellas, las más usadas son: la formación, que se suele hacer en formato de talleres experienciales, donde se comparten vivencias personales y se hacen prácticas para desarrollar habilidades; el asesoramiento de expertos (*coach* externos a los centros educativos o profesores de la misma comunidad y de otras, previamente formados, que comparten experiencias que les han funcionado); o el acompañamiento individual, donde un *coach*, normalmente externo, aunque podría ser también interno al centro, realiza un proceso de *coaching* individual con el docente para ayudarlo a superar creencias limitadoras y acompañarlo en su momento de autoconocimiento y empoderamiento. Finalmente, también existe el acompañamiento entre pares (Blanco, 2018; Rodríguez Marcos *et al.*, 2011) que consiste en un «proceso confidencial a través del cual dos o más docentes trabajan conjuntamente para reflexionar sobre sus prácticas, resolver problemas en el trabajo, construir u optimizar herramientas» (Giráldez y Van Nieuwerburgh, 2016). Se define entre pares porque *coach* y *coachee* están, en este caso, al mismo nivel. El acompañamiento entre pares ayuda a tratar los distintos casos de la escuela con una perspectiva más colaborativa, fomenta el aprendizaje en equipo y permite superar la sensación de aislamiento que, cuando se habla con varios docentes, muchos mencionan tener. Este *coaching* fomenta la autoestima, la convivencia y el alcance de los objetivos, tanto individuales como colectivos, cuyo alcance es mucho mayor que la suma de los retos individuales (Colbert, 2020).

Coaching para el alumnado

Si el rol del docente ha cambiado, debido a la transformación que está viviendo la sociedad en la actualidad, es inevitable que en consecuencia el del alumnado también se ha transformado. El estudiante ya no se considera un mero depositario de conocimiento, sino más bien un creador de sus propios contenidos, y hay nuevas competencias, aparte de la escucha y de la memoria que le estamos pidiendo como, por ejemplo, la autonomía, la iniciativa, aprender a aprender, las mismas competencias emocionales, y una cuantas más que nos obligan a verlo desde otra perspectiva. El CEd ayuda al joven a tomar decisiones sobre qué tipo de vida quiere, comprometiéndose con su decisión y, además, en una sociedad donde destaca el culto del rendimiento, donde cada vez es más importante el éxito escolar, el *coaching* puede ayudar al alumnado a hacer frente a esta situación (Oller, 2011). El CEd se considera una manera nueva de aprender, más autónoma, que mejora el rendimiento gracias al descubrimiento de las necesidades individuales de cada estudiante, y le ayuda a replantearse objetivos (Ozmen, 2019).

Giner y Lladó (2015) comentan que se puede impartir *coaching* al alumnado tanto individualmente como mediante proyectos grupales (buen ejemplo de este último en el proyecto Escúchame, coordinado desde el ICE de la Universidad de Barcelona, Giner y Pérez, 2017). Individualmente se le puede acompañar en su desarrollo competencial desde varios roles o profesiones, por ejemplo, como tutor-*coach*, en el caso de que sea un docente formado en CEd, o como *coach* educativo, en el caso de que sea un profesional acreditado en CEd, o bien como psicólogo-*coach* educativo, cuando el profesional no solo sea un *coach* acreditado, sino también psicólogo u otro tipo de profesional relacionado con el sistema educativo, que asimismo haya adquirido conocimientos en CEd.

En el caso de los estudiantes también se puede hablar de *coaching* entre pares, como para los docentes, que pueden ser del mismo nivel o de alumnado más mayor, que hace de *coach* a otro más joven (buen ejemplo de ello el proyecto Pigmalión, iniciado en tres institutos de educación secundaria de la Comunidad Valenciana, Giráldez y Nieuwerburgh, 2016, así como la experiencia en universidades en el prácticum de Magisterio, Rodríguez Marcos *et al.*, 2011).

La misma autora ha facilitado durante varios cursos académicos una formación que dota a los estudiantes más séniors de la carrera de la FIB (Facultad informática de Barcelona) de la UPC de técnicas para ser mentores del alumnado más joven de la misma carrera, con el principal objetivo de acompañarlos durante los primeros meses y reducir los índices de abandono, que normalmente suelen ser elevados en este tipo de estudios superiores.

COACHING PARA EL EQUIPO DIRECTIVO

El equipo directivo, cuyas funciones también se han transformado, tiene que profesionalizarse, sus puestos se cualifican y debe formarse constantemente para mejorar sus *soft skills*. Es como si al directivo de los centros educativos se le estuviera pidiendo estar formado en *coaching*, tener que saber gestionar emociones, motivar al claustro, adaptarse a los cambios, ser resiliente, etc. Para todo eso es evidente que debe tener una buena dosis de inteligencia emocional (IE) y saber qué estilo de liderazgo aplicar según la situación, la persona, etc.

Es aconsejable realizar un CEd con este colectivo, sin duda, cuando existe una cierta ansiedad por el cargo que no permite gestionar la situación, cuando este equipo es nuevo y acaba de empezar, o bien cuando el mismo centro comienza proyectos nuevos, o está bloqueado y no puede avanzar, y también cuando se quieren mejorar los resultados académicos o, en general, el bienestar del centro. De nuevo, la manera de llevarlo a cabo puede ser o bien realizando un CEd individual, con el mismo directivo, o grupal, con todo el equipo, y por experiencias anteriores se ha visto que los mejores resultados se obtienen con una combinación de ambos procesos (Nava y Mena, 2012).

Coaching para las familias

El rol de la familia también ha cambiado en la sociedad actual. De hecho, la natalidad es menor, hay cada vez más familias monoparentales, menos relación con la familia extensa y todo esto genera que haya menos relaciones y menos formas de intercambiar valores. En este contexto, el CEd puede ayudar a facilitar espacios para que los integrantes de la familia se relacionen y se comuniquen de una forma más fluida.

El CEd puede ayudar a identificar cuáles son los valores y las creencias que potencian la cultura de la familia, y cuáles, en cambio, la limitan y hasta la destruyen; todo esto es fundamental para que la persona se sienta única y segura, al formar parte de un grupo, con sus normas, como es la familia.

Se puede trabajar con todos sus miembros o solo con algunos con el objetivo de generar un espacio donde la familia pueda pensar sobre lo que necesita, crear unas dinámicas de relaciones más funcionales, mejorar su comunicación y todo esto reflejarlo en el terreno educativo. Otra manera de trabajar desde el CEd con las familias es en grupos multifamiliares, para conseguir entornos de reflexiones comunitarios, compartiendo situaciones complejas y estrategias para solventarlas.

COACHING PARA LOS OTROS MIEMBROS DE LA COMUNIDAD EDUCATIVA

Finalmente, cuando se habla de comunidad educativa hay otros agentes que intervienen más allá de los docentes, del alumnado, de los equipos directivos y de las familias. Nos referimos a asociaciones de madres y padres, como son el AMPA (ahora conocido más bien como AFA, asociación de familias de alumnos); a los profesionales que se ocupan de las extraescolares, a las bibliotecas, a los centros recreativos o clubes dedicados a la gestión del tiempo libre, a las casas de colonias, a las escuelas de músicas, de idiomas o de informática, a los servicios médicos o los sociales y así a cualquier otra que intervenga en la comunidad educativa.

Todos estos contribuyen, cada uno desde su nicho, al desarrollo integral de la persona que está formándose; por este motivo, es importante trabajar de manera unitaria, colaborando. En este sentido, de nuevo el CEd puede ayudar, al permitir realizar un trabajo interdisciplinario, aunque desde la responsabilidad y el compromiso de cada parte (figura 1).

Figura 1. Resumen de a quién se dirige el CEd

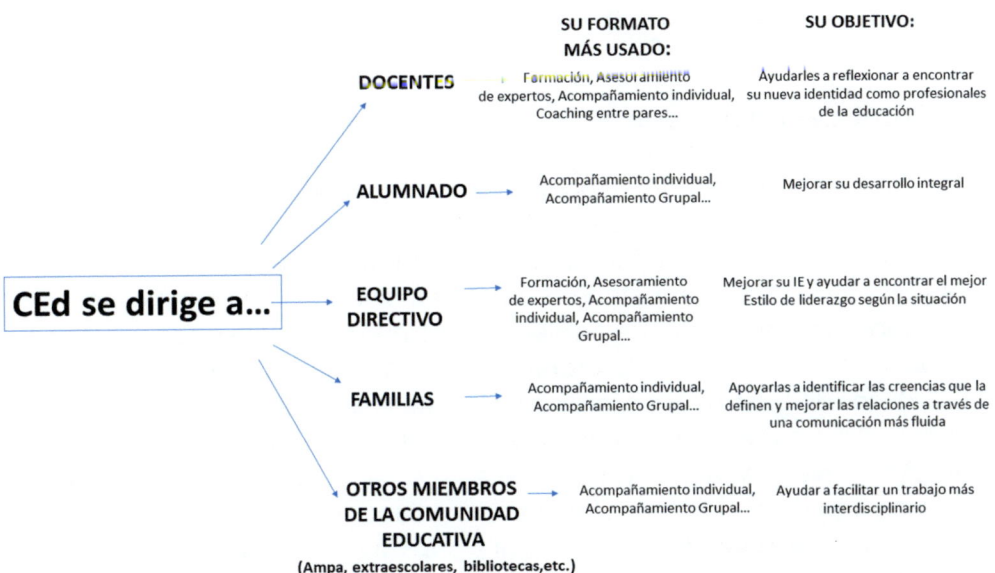

Fuente: Chianese, 2021.

6. Cultura escolar de *coaching* en educación

El concepto de cultura de CEd es algo relativamente reciente. Las claves para introducir una cultura de CEd en un centro educativo podrían ser, por un lado, empezar ofreciendo a todo el claustro un día o bien una sesión de formación sobre qué es el CEd y así revisar posibles ideas preconcebidas sobre este y definir para qué puede ser interesante generar este tipo de cultura. En este sentido, Linares (2014) dice que el proceso de *coaching* puede empezar con la detección de una necesidad de entrenamiento, y sus tres grandes fases pueden ser este diagnóstico inicial, el desarrollo del proceso y su evaluación al terminar; las tres, precisamente, coinciden con lo que hemos tenido en cuenta en nuestro caso real.

Por otro lado, será importante que el equipo directivo avale la introducción del CEd en el centro. Además, se deberá crear un equipo voluntario, debidamente formado, que quiera liderar el proyecto y que disponga de tiempo para dedicarle. Otro tema importante es que el proyecto se inscriba en la filosofía del mismo centro y que se le dé continuidad en el tiempo, dado que no puede ser visto como algo ocasional (Suggest, 2006). Queremos subrayar que el *coaching* es más adecuado en una institución donde existe un liderazgo compartido y no en una donde hay una estructura jerárquica que manda y controla (Bécart y Ramírez, 2016). Si se quiere profundizar en un ejemplo de éxito de desarrollo de una cultura de CEd, invitamos al lector a leer el estudio de Lindon (2011, citado en Giráldez y Nieuwerburgh, 2016) sobre ocho escuelas entre primaria y secundaria.

7. Perfil del docente-*coach*

En una sociedad del conocimiento, tal y donde vivimos en la actualidad (Esteve, s. f.), los cambios en el contexto social exigen al profesorado un alto nivel de formación, que debería de tener en cuenta el desarrollo de unas competencias tanto relacionadas con las asignaturas que imparte y con sus contenidos como más vinculadas con las relaciones, la resolución de problemas y la adaptación a los cambios. La educación tiene que preparar para la vida y estar orientada no solo al desarrollo humano, sino también a su prevención en el sentido más amplio, dado que factores, como el estrés, la violencia, la depresión, el consumo de drogas, etc. pueden dificultarlo. Para que el alumnado pueda llegar a tener salud emocional y prevenirla, y para que, además, sea creativo, muestre curiosidad intelectual y sentido de pertenencia a una comunidad, tiene que existir un verdadero cambio de rol en los educadores (Vilalta, 2015).

Tras analizar e integrar las visiones de varios autores llegamos a concluir que un buen docente no solo tiene que dominar los contenidos de sus asignaturas y saber transmitirlos, sino que también poseer una serie de características directamente o indirectamente relacionadas con la dimensión emocional, más allá de los aspectos estrictamente cognitivos.

Estos cambios evidentemente incluyen al docente de secundaria (Larriba, 2010), que tiene una función y un trabajo bien complejo, que se desarrolla en contextos distintos, desafiantes, exigentes y, precisamente, emocionales (Day, 2011). Larriba (2010) nos plantea una reflexión sobre quién, cuando acaba el instituto tras la EBAU[7], sueña con ser profesor de secundaria. Probablemente algunos sí, pero muy pocos, dado que, para empezar, no existe una formación específica como tal y a esto se añade que habrá que formarse más de cuatro años y estudiar unos temas que, luego, si se quiere ser profesor de secundaria, servirán solo en una mínima parte.

Por lo tanto, el rol que puede jugar la formación es imprescindible para la construcción y la mejora de la imagen de la nueva identidad del docente y en concreto del de secundaria.

López y Valls (2015) mencionan una nueva figura de profesor, el denominado docente-*coach*, que tiene precisamente esa función, es decir, ser «un catalizador, facilitador de espacios donde es el alumnado el que piensa y aprende a conocerse a sí mismo». Este docente-*coach* (Da Silva, 2013; Giráldez y Nieuwerburgh, 2016) es alguien que normalmente ha sido formado en *coaching*; probablemente, en su mismo centro de trabajo, y que, por lo tanto, usa habilidades y competencias, así como técnicas tanto en el aula como en las relaciones fuera de esta, con compañeros de trabajo, familias, directivos, etc. La diferencia entre una formación en *coaching* y otro tipo de experiencia formativa es que, en el caso del *coaching*, no solo se adquieren nuevos conocimientos y habilidades para usarlas en el lugar de trabajo, sino, sobre todo, que los docentes aprenden sobre ellos mismos, se conocen mejor y pueden experimentar y practicar lo que luego tienen que mostrar con el ejemplo. Por eso es fundamental que las formaciones sean vivenciales (Giráldez y Nieuwerburgh, 2016), partiendo de la idea de que el docente-*coach* primero tiene que practicar sobre él mismo para desarrollar sus competencias y luego poder hacerlo con

---

[7] EBAU: Evaluación del Bachillerato para el Acceso a la Universidad. Hace referencia a la actual prueba de acceso que realiza el alumnado que quiera entrar en la universidad.

los demás. Para realizar este cambio de rol y pasar a ser un docente-*coach*, López y Valls (2015) hablan de tres pilares fundamentales en que se deberían basar los centros educativos:

1. Aprender a trabajar las emociones, dado que los mismos docentes no están acostumbrados a hacerlo y necesitan recursos y estrategias para ello.
2. Incluir enfoques de aprendizaje experiencial, por lo tanto, introducir, en muchos casos, una verdadera transformación en la metodología de los centros.
3. Integrar competencias y habilidades de un *coach* en la función del docente.

Al identificar las que son las competencias más propias de un docente-*coach* vemos que coinciden con las de un *coach* en general, ya descritas anteriormente (ver punto 4). Un docente-*coach* tiene como premisa no dar soluciones al alumnado, sino más bien ayudarlo a desarrollar sus propios recursos y a alcanzar sus objetivos; además, conocerá el entorno donde interviene sin necesidad de ser un experto, al tener un muy buen dominio del mismo, de su misión y visión y de su propósito, así como de sus valores y de las creencias que impulsan sus actos, y será capaz, como ya hemos mencionado, de establecer una buena relación con el alumnado.

Para profundizar más sobre las competencias de un docente-*coach*, el lector dispone de la siguiente bibliografía, entre otra: López y Valls (2015) que identifican 6 competencias, Bou (2009) que diferencia 4 tipos de habilidades (actitudinales, de personalidad, relacionales y técnicas) y el trabajo de Becart (2015) que, citando Creasy y Paterson (2005), destaca 5 competencias básicas.

En definitiva, cualquiera que sea el ámbito de aplicación del CEd, las habilidades de un docente-*coach* serán las mismas que debería desarrollar el alumnado, el equipo directivo y otro miembro de la comunidad educativa, y podrán usarse en las distintas relaciones que se vayan viviendo en un centro educativo.

8. Beneficios del *coaching* en educación

Proponemos la tabla 5 como resumen de los beneficios que aporta, tanto el *coaching* en general (Chornet, 2015) como el CEd, haciendo referencia a la investigación realizada por la National Fundation for Educational Research & TDA (2008) y al estudio de Bécart y Ramírez (2016), que los identifican según a quien vaya dirigido el *coaching*.

Tabla 5. Beneficios que aporta el *coaching* según su aplicabilidad

Beneficios para las personas	Beneficios para las organizaciones educativas	Beneficios para profesorado o el alumnado
Mejora la capacidad de reflexionar, pensar con claridad y actuar	Aporta la práctica reflexiva	Acelera el desarrollo personal, académico y profesional
Aporta un mayor bienestar psicológico	Lleva a colaborar entre pares	Mejora el desempeño en el aula, la satisfacción profesional y académica, la motivación y el equilibrio entre vida, trabajo y estudio
Mejora la capacidad de solventar problemas y tomar decisiones	Aporta una comunicación más fluida, sincera y eficaz entre toda la comunidad educativa	Desarrolla técnicas para superar creencias limitadoras y, conductas pocos útiles
Mejora la capacidad de relacionarse con los demás (personal como profesionalmente)	Mejora las relaciones entre todos los integrantes del centro	Potencia el trabajo más eficaz y más productivo, ayuda a planificar las clases y el tiempo en general
Mejora la actitud hacia el propio crecimiento	Reconoce el desarrollo profesional, académico y personal	Facilita el control del estrés
Mejora la capacidad de compartir		Ayuda a definir objetivos Marte
Mejora la autoestima y la autoconfianza		Reduce conflictos y ayuda a saber cómo solventarlos
Mejora la gestión emocional	Aporta energía y vitalidad al centro, y, en general, bienestar	Elimina factores de bloqueo para el aprendizaje y mejora el autoaprendizaje
Fortalece el liderazgo		Potencia la flexibilidad y la capacidad de adaptación al cambio

Fuente: Chianese, 2021 (adaptación de Chornet, 2015; Giráldez y Nieuwerburgh, 2016; Bécart y Ramírez, 2016).

CAPÍTULO 2

¿QUÉ ES LA EDUCACIÓN EMOCIONAL?

1. Misión de la educación en el siglo XXI y rol de la Inteligencia Emocional

Sabemos que el concepto de aprendizaje ha cambiado, y entendemos que es algo que no finaliza nunca y que continúa toda la vida. Existen varias maneras de aprender que habrá que combinar.

En la escuela del mañana[1] (Edu21, 2023) se habla de entornos de aprendizaje eficaces, que tienen en cuenta las diferencias, las emociones positivas, la evaluación constante y la interacción social con el profesorado (OCDE, 2012). Como mencionado en el primer capítulo, sabemos que en tal escenario el rol del docente ha tenido que cambiar, para vivir su profesión de manera distinta, autónoma y responsable, ética y socialmente comprometida con la comunidad, con la escuela y con las familias y, por ello, hay que empezar cambiando su formación inicial, así como la continua, su plan de carrera y su evaluación.

Hay que dotarle de un conjunto de saberes y prácticas que lo conviertan en un experto en aprendizaje; exigirle una alta cualificación; aumentar el prestigio social de la profesión, recordando la importancia de los educadores para el bienestar y el progreso social; mejorar sus condiciones laborales; diseñar una profesión que permita crecer, reconocer el mérito y animar a la calidad y a la excelencia (Eurydice, 2015; Pérez Díaz y Rodríguez, 2013). Se necesitan docentes con competencias, como la curiosidad intelectual o el entusiasmo por saber y que sepan contagiar al alumnado esa ilusión. Y todos los cambios que necesita el profesorado están centrados en dar respuesta a este nuevo alumnado. En definitiva, sabemos que se ha dado un salto, y se ha pasado de una pedagogía transmisora centrada en el docente, que es

---

[1] https://edu21.cat

39

quien sabe, a una más constructiva, donde el protagonista es el que aprende, el discente, que se apoya en el concepto de aprendizaje permanente (*lifelong learning*) de Kamarainen, 2002 (citado en Rodríguez-Moreno, 2006) y que participa activamente en este.

El alumnado necesita sentirse competente en lo que se espera que haga, tener claro el sentido de lo que está aprendiendo, ver que le aportará, formar parte de un entorno agradable que facilite su proceso de aprendizaje, todo ello experimentando experiencias positivas. Por este motivo, el rol que tienen las relaciones interpersonales, empezando con las relaciones con el profesorado, adquiere un papel fundamental y solo teniendo en cuenta todos estos elementos las personas podrán desarrollar estas nuevas competencias que le pide la sociedad, de ser autónomos, flexibles, creativos, abiertos al cambio, críticos, saber trabajar en equipo y, por supuesto, velar por su propio bienestar emocional; solo así lograremos tener un sistema educativo de calidad.

Finalmente, la misión principal de la educación en el siglo actual es lograr la formación integral de las personas en todas sus etapas (UNESCO, 2016), incluyendo en ella, no solo el desarrollo de las competencias cognitivas, como también o más relevantes, el de las emocionales y empezando por las de los docentes, debido al nuevo rol que se le pide, tan necesario para facilitar este cambio.

2. Inteligencia emocional

Tras introducir el concepto de *coaching* en el capítulo anterior, nos parece importante detenernos, aunque sea brevemente, en aclarar qué entendemos con el termino de *inteligencia emocional,* siendo las emociones las otras protagonistas de este libro.

El primero que en el 1986 publicó un artículo donde aparece la expresión de inteligencia emocional es Payne que plantea el dilema entre razón y emoción y propone integrar estos dos conceptos en la escuela, para enseñar a los niños a responder de forma emocional. Este mismo trabajo tuvo influencia en otro artículo, más conocido, de Salovey y Mayer: "Emotional Intelligence" (1990) que unieron las dos líneas de investigación, la sobre la inteligencia y la sobre la emoción (Fernández-Berrocal *et al.*, 2009).Casi en la misma época (1985), Bar-On había publicado su tesis doctoral usando la expresión *emotional quotient* (EQ) (Bar-On, 2006), pero no es hasta al 1996, con el *best seller* por todos conocidos de *Inteligencia emocional*, de Goleman, cuando se difunde el concepto de manera increíble.

Aunque Goleman reconoció haber basado su trabajo en la obra de Salovey y Mayer, el éxito de su libro se debió principalmente a dos factores. El primero fue a que la obra de Goleman apoyaba el igualitarismo, que afirmaba que la inteligencia emocional (EQ) era algo que podía ser igual o más poderoso que el QI (coeficiente intelectual, relacionado con el termino de "inteligencia" y que hasta al momento era el que más se conocía en el ámbito de la educación y que según su nivel podía diferenciar las personas que podían seguir la escolaridad ordinaria, de los que necesitaban de una educación especial). Además, las CEmo se podían aprender y desarrollar, así que cualquiera podía llegar a ser feliz, dado que, aunque no las tuviese, podía llegar a tenerlas. Por lo tanto, el autor se posicionaba desde un punto de vista igualitario y no elitista como, en cambio, había sido hasta aquel momento la visión del QI: algo que se tenía de nacimiento o no era posible desarrollar. El segundo factor del éxito de su libro fue que Goleman lo publicó justo cuando el antagonismo entre razón y emoción estaba experimentando un cambio importante y estaba siendo superado al darse la vuelta a lo que hasta al momento se había considerado un clásico: que lo racional era superior a lo emocional. Goleman cita varios estudios que concluyen lo mismo, o sea, que el QI no es buen predictor del éxito de una persona, pues el hecho de ser inteligente cognitivamente no da garantía alguna de que se puedan manejar bien las circunstancias que se presentan en la vida, mientras que la inteligencia emocional ayuda a tomar consciencia de las emociones, los sentimientos de los demás, ayuda a trabajar en equipo, a ser empático; todos aspectos que permiten desarrollarse personalmente.

Tras analizar múltiples trabajos, somos conscientes de que es un concepto que está en constante definición y de que existen tantas como autores que lo han estudiado y, en general, podemos decir que con este constructo nos referimos a un uso inteligente de las emociones (García-Fernández y Giménez-Mas, 2010). En nuestras investigaciones hemos observado que en todas estas definiciones se repite que se trata de una *habilidad* o de una *capacidad* que ayuda a afrontar y a solucionar situaciones que se nos presentan en nuestro contexto cercano mediante el uso inteligente de las emociones, al conocer tanto las nuestras como las de los demás y al saber regularlas y manejarlas. A partir de todo esto, queremos aportar nuestra definición del concepto (Chianese, 2021):

La inteligencia emocional es aquella habilidad que nos permite conocer, regular y utilizar nuestras emociones y las de los demás para movernos de manera inteligente en nuestro entorno y solventar los problemas de distinta índole que se nos presenten.

3. Competencias emocionales: concepto y definición

La OCDE (2001) considera que la selección de las competencias clave depende de lo que las sociedades valoren en cada momento y en cada contexto (Pertegal, 2011a; 2011b) .

Como mencionan en su estudio Catalán *et al.* (2012), ya es una realidad que, desde el 2001, en el currículo de educación se hayan incluido una serie de competencias básicas que el alumnado debe dominar al finalizar la escolaridad obligatoria y entre estas precisamente destacan las emocionales. Citando a Goleman (1996) estos mismos autores comentan que no todos tenemos el mismo grado de competencia, pero, puesto que la base de la inteligencia emocional es neurológica y, como se ha comprobado, el cerebro tiene una gran capacidad de modificarse con el aprendizaje, hay datos que afirman que la falta de capacidad emocional puede mejorarse con una intervención educativa adecuada (Riquelme, 2012).

Por lo tanto, en la actualidad, las CEmo ya se consideran un concepto educativo, siendo necesarias para generar un buen aprendizaje en el alumnado. Se entienden como un tipo de competencias básicas para nuestra existencia (Bécart, 2015), fundamentales para el desarrollo integral de la personalidad y se tienen que adquirir y mejorar en el transcurso de toda la vida, dado que probablemente son las más difíciles de alcanzar (Bisquerra y Pérez-Escoda, 2012); también, se van desarrollando a lo largo de todo el proceso educativo y tienen que estar presentes en el contenido académico e influir en todos los ámbitos de vida de una persona (Villa y Poblete, 2009).

Hay investigaciones que justamente han comprobado que aplicar ciertos programas para desarrollar las CEmo ha tenido efectos muy positivos en el alumnado, no solo en el incremento de su aprendizaje y su éxito académico, sino también en su capacidad de adaptación social, y han actuado, además, como factor preventivo del absentismo, del abandono escolar, de la violencia, etc. (Repetto y Pena, 2010). Podemos afirmar que uno de los factores que diferencia al alumnado con éxito del que no lo tiene, es justamente su desarrollo. Pero ¿qué son las CEmo y cómo se pueden definir?

Concepto y definición

En primer lugar, queremos puntualizar que las CEmo son un concepto en constante elaboración, que los expertos reformulan de manera continua. Tras analizar el trabajo de varios autores, empezado por el de Salovey y Sluyter (1997) y el de Goleman (1995), revisados ambos por Boyatzis *et al.* en el 2000 (García Navarro, 2017), siguiendo por el de Saarni (2000) y el de Graczyk *et al.* (2000), el de Payton *et al.* (2000) y el de la Casel (Casel, 2015), así como el mismo de Bisquerra y Pérez-Escoda (2007), queremos proponer nuestra definición de CEmo, que hemos considerado como un tipo de competencias básicas para la vida:

Las CEmo son un conjunto que integra y activa conocimientos, habilidades, valores, rasgos y motivaciones personales, que se desarrollan a lo largo de la vida para que el individuo sea capaz de manejarse de manera eficaz y permanente en todo lo que concierne a su dimensión emocional.

El modelo que hemos elegido tener como referente para nuestro caso real, descrito en la segunda parte del libro, es el pentagonal del GROP (Grup de Recerca en Orientació Psicopedagògica, de la Universidad de Barcelona) que divide las CEmo en cinco grandes bloques: la conciencia emocional, la regulación emocional, la autonomía personal, la competencia social y las habilidades de la vida y del bienestar.

Nuestra elección se debe, sobre todo, a su dilatado uso precisamente en el ámbito educativo. Por ello nos parece relevante introducirlo a continuación.

4. Modelo pentagonal de competencias emocionales

El modelo pentagonal del GROP (figura 1) está en constante revisión y resulta una actualización de versiones precedentes (Bisquerra, 2000; Bisquerra, 2015; Bisquerra y Pérez-Escoda, 2007; Bisquerra, 2016). Vamos a presentar brevemente sus cinco bloques como hacen el Bisquerra (2016) y García Navarro (2017), y si el lector quisiera profundizar en las micro competencias de cada uno de estos, le invitamos a consultar la tesis doctoral de la autora del libro en el QR que encontrará en la página 48, o bien en el link http://hdl.handle.net/10803/673242.

Figura 1. Modelo de competencias emocionales

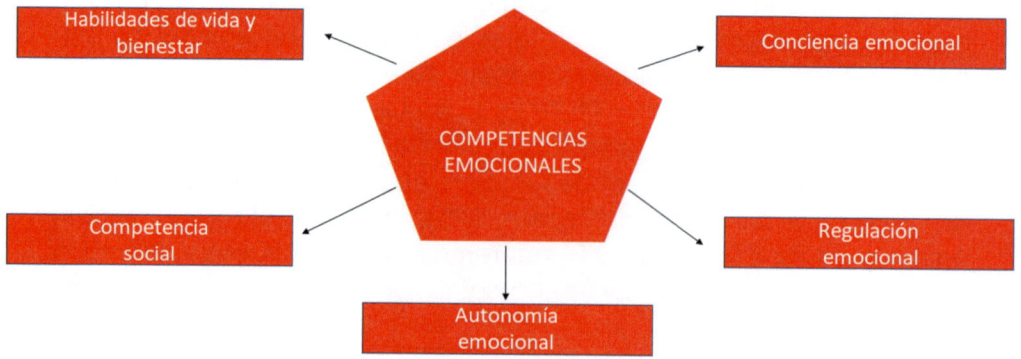

Fuente: Bisquerra y Pérez-Escoda, 2007.

1. CONCIENCIA EMOCIONAL

Es la capacidad para tomar conciencia de las propias emociones y de las emociones de los demás, incluyendo la habilidad para captar el clima emocional de un contexto determinado.

Dentro de esta dimensión se han identificado 7 sub-competencias: la toma de conciencia de las propias emociones, la asignación de un nombre a las emociones, la toma de consciencia de la interacción entre emoción, cognición y comportamiento, la empatía, la detección de creencia, la atención plena y la consciencia ética y moral.

Una vez desarrollada la consciencia emocional, podemos pasar a ver las otras CEmo.

2. REGULACIÓN EMOCIONAL

Es la capacidad para manejar las emociones de manera apropiada, la gestión emocional. Supone tomar conciencia de la relación entre emoción, cognición y comportamiento; tener buenas estrategias de afrontamiento; capacidad para autogenerarse emociones positivas, etc.

Dentro de esta dimensión se han identificado 8 sub-competencias: la expresión y la regulación emocional, las habilidades de afrontamiento, la competencia para autogenerar emociones positivas, la tolerancia a la frustración, el *remind,* la regulación emocional con consciencia ética y moral, la regulación de la ira para prevenir la violencia.

3. Autonomía emocional (autogestión)

La autonomía emocional se puede entender como un concepto amplio que incluye un conjunto de características y elementos relacionados con la autogestión personal, entre los que se encuentran la autoestima, la actitud positiva ante la vida, la responsabilidad, la capacidad para analizar críticamente las normas sociales, la capacidad para buscar ayuda y recursos, así como la autoeficacia emocional.

Dentro de esta dimensión se han identificado 9 ulteriores subcompetencias: la autoestima, la automotivación, la responsabilidad, la actitud positiva, la responsabilidad, la autoeficacia emocional, el análisis crítico de las normas sociales, la resiliencia, el pensamiento crítico y la asunción de valores éticos y morales.

4. Competencia social (inteligencia interpersonal)

Es la capacidad para mantener buenas relaciones con otras personas. Esto implica dominar las habilidades sociales, la capacidad para comunicarse de manera efectiva, el respeto, las actitudes prosociales, el asertividad, etc.

Dentro de esta dimensión se pueden identificar 12 ulteriores subcompetencias: la asertividad, el trabajo en equipo, el dominio de las habilidades sociales básicas, el respeto por los demás, la práctica de la comunicación receptiva y la de la expresiva, la compartición de las emociones, el comportamiento prosocial y de cooperación, la prevención y solución de conflictos, la capacidad para gestionar situaciones emocionales, el liderazgo emocional y el clima emocional.

5. Habilidades de la vida y del bienestar

Es la capacidad para adoptar comportamientos apropiados y responsables para afrontar satisfactoriamente los desafíos diarios de la vida, ya sean privados, profesionales o sociales, así, como las situaciones excepcionales con las cuales nos vamos tropezando. Nos permiten organizar nuestra vida de manera sana y equilibrada, facilitándonos experiencias de satisfacción o bienestar.

Dentro de esta dimensión se pueden identificar 7 sub-competencias: fijación de objetivos, la fluidez, el bienestar subjetivo, la toma de decisiones en situaciones varias, la búsqueda de ayuda y recursos, la ciudadanía activa y responsable y las emociones estéticas.

5. ¿Qué es la educación emocional?

Tras dejar más claro qué entendemos al hablar de CEmo, para poder alinear conceptos, vamos a detenernos brevemente en el concepto de educación emocional[2] y su significado, dado que sabemos que su principal objetivo es desarrollar estas competencias.

En la actualidad, la misión principal de la educación es influir en el desarrollo integral de la persona, y estando de acuerdo con Bisquerra, consideramos que el enfoque de la educación emocional tiene que ser «continuo y permanente», por lo tanto, tiene que estar presente a lo largo de toda la vida, desde el nacimiento, en la educación infantil, primaria, secundaria y superior y durante toda la vida adulta, dado que las CEmo son fundamentales para este desarrollo integral.

Nos consta que no son precisamente las más fáciles de adquirir, por eso habrá que insistir en ellas durante toda la vida. Así como los alumnos pueden aprender a resolver ecuaciones de segundo grado en un trimestre, en cambio, cuando hablamos de gestión emocional, es difícil que, en el mismo período de tiempo, regulen por completo sus emociones. Además, la educación emocional quiere tener un rol de carácter preventivo y ayudar a la persona a minimizar su vulnerabilidad frente a las situaciones complejas —del campo emocional— que se le irán presentando a lo largo de toda su vida: desde prevenir el consumo de drogas, hasta gestionar el estrés, la violencia, etc. Tener unas buenas CEmo no garantiza que sirvan para hacer el bien; por este motivo, será importante prevenir que su finalidad sea inadecuada (Bisquerra y Pérez-Escoda, 2012).

De nuevo, tras un extenso análisis de varios autores, antes de finalizar este segundo capítulo, queremos proponer nuestra definición de educación emocional:

La educación emocional es un proceso continuo y presente a lo largo de todo el curso de la vida que pretende formar a las personas
---

---

[2] El término educación emocional apareció por primera vez en 1966 en la revista *Journal of Emotional Education* que fue editada solo hasta 1973 (Pérez González y Pena, 2011).

para optimizar al máximo el manejo de sus CEmo e influir, por lo tanto, en su desarrollo integral.

Como veremos en la segunda parte del libro, consideramos clave empezar educando emocionalmente a los docentes, que, luego, a su vez, juegan un papel fundamental en el desarrollo emocional del estudiantado (Bisquerra, 2003).

6. Desarrollo de las competencias emocionales

Como hemos comentado, siendo el objetivo de la educación emocional desarrollar estas CEmo, tenemos constancia que ya se han realizado varios programas con este fin.

Hay bastante solidez científica para confirmar que desarrollar habilidades socioemocionales tiene implicación en el rendimiento académico y en su éxito (Petrides *et al.*, 2004; Schutte *et al.*, 2001; Parker *et al.*, 2004), en la prevención del fracaso escolar (Fernández-Berrocal *et al.*, 2003), así como en el poder evitar el acoso escolar. Los estudios realizados tanto a escala internacional (Graczyk *et al.* 2000) como nacional (Bisquerra, 2000; Fernández-Berrocal y Extremera, 2002) confirman estos datos. Por lo tanto, es evidente la importancia que tiene en el contexto educativo la realización de programas que pretenden desarrollar estas competencias, pudiéndose aplicar en otros ámbitos, como el laboral y el de las organizaciones, o el personal, el familiar y de la pareja, dado que mejora las relaciones interpersonales; asimismo, existen investigaciones que se han centrado en observar el efecto positivo del desarrollo de estas competencias sobre la salud y el bienestar (Ader, 2007).

Al centrar nuestro interés en el ámbito educativo, actualmente, tenemos múltiples ejemplos de programas cuyo objetivo es el de desarrollar estas CEmo tanto en el alumnado como en el profesorado. Por ejemplo, nos parece interesante el programa de García Navarro (2017) –dirigido al profesorado de todos los niveles de enseñanza– y el de Torrijos (2016) –destinado al profesorado de secundaria–, cuyo objetivo fue el desarrollo y la evaluación de las CEmo de los docentes tras realizar programas de intervención de inteligencia emocional. Estos programas son de gran apoyo para el profesorado para desarrollar un aspecto que pasa a ser esencial en el proceso de aprendizaje, teniendo en cuenta que la dimensión emocional reviste ahora un rol cada vez más importante dentro del objetivo de la educación de ayudar en el desarrollo integral de la persona y mejorar la preparación del individuo para el mundo laboral (Montalvo *et al.*, 2021),

Si a esto le añadimos los índices de fracaso escolar, de estrés, los comportamientos conflictivos, la tendencia a la depresión o al suicidio y, en general, los factores que derivan en estados emocionales negativos, aún es más básico y esencial este acompañamiento emocional. Por lo tanto, conocerse a uno mismo pasa por la dimensión emocional, y relacionarse con los demás, también está vinculado con esta dimensión. Hay que empezar primero por el profesorado para que se forme en estos aspectos, se desarrolle y, así, pueda ayudar al alumnado a conseguirlo.

Finalmente, el desarrollo de estas CEmo se podrá aplicar más allá del ámbito educativo para prevenir los factores negativos anteriormente citados, como el estrés, la violencia y cualquier situación que haga vulnerable la persona. Cuando esta prevención maximiza las tendencias constructivas, minimizando las negativas, suele confluir con la educación.

Una vez introducido en estos primeros capítulos los dos principales protagonistas de nuestra historia: el CEd y las CEmo, para terminar esta primera parte introductoria, vamos a ver qué puede aportar el *coaching* al desarrollo de las competencias emocionales en el contexto de la educación.

Enlace a la tesis doctoral de la autora

CAPÍTULO 3

¿QUÉ PUEDE APORTAR EL *COACHING* A LA EDUCACIÓN EMOCIONAL?

1. Diferencia entre conceptos: inteligencia emocional, competencias emocionales y educación emocional

En el segundo capítulo hemos descrito los tres conceptos de: inteligencia emocional, competencias emocionales y educación emocional como tres constructos que, aunque sean diferentes, están evidentemente relacionados entre ellos.

En cuanto al concepto de inteligencia emocional, aunque sabemos que está en constante definición, en la actualidad su significado hace referencia, principalmente, a dos modelos: uno que se centra en esta como si se tratara de una habilidad mental (*modelos de habilidad*) y otro que la considera una mezcla entre una habilidad mental y un rasgo de la personalidad (*modelos mixtos*) (Bisquerra, 2003; Pena y Repetto, 2008; García-Fernández y Giménez-Mas, 2010). Algunos autores hablan de tres modelos, y este tercero se refiere a la inteligencia emocional como a un rasgo de personalidad ella sola (Bisquerra *et al.*, 2016).

Los primeros consideran que las habilidades mentales permiten usar la información que nos facilitan las emociones para mejorar el proceso cognitivo, por lo tanto, la inteligencia emocional se podría mejorar gracias a programas de formación especializados; los segundos, en cambio, como mezclan habilidades mentales con rasgos de personalidad, ven difícil que se puedan modificar ciertos aspectos referentes a este ámbito (Fernández-Berrocal *et al.*, 2009). Los dos modelos teóricos con más respaldo científico han sido el de habilidad de Mayer y Salovey (1997) y los mixtos, incluyendo en estos los más conocidos de Bar-On de inteligencia emocional social (2006) y el de CEmo del mismo Goleman (1998). Además de estos dos, se han desarrollado varios otros, para llegar a la conclusión de que estamos frente a dos constructos distintos (Pena y Repetto, 2008; Pérez-Escoda *et al.*, 2021):

- Inteligencia emocional como *habilidad/capacidad* (IEC).
- Inteligencia emocional como *rasgo de personalidad* (IER).

Por lo tanto, deberían ser medidos de forma distinta, aunque nosotros somos de la opinión de que estos dos modelos podrían considerarse como complementarios, y la forma de medirlos también.

Las medidas de habilidad (IEC) se basan en escalas que, mediante varias actividades de tipo emocional y ejercicios, ponen en dificultad a la persona que tiene que solucionarlas, evaluando su óptimo desempeño (por ejemplo, el *Trait Meta Mood Scale,* el MSCEIT) (Mayer *et al.*, 2009); estas son las pruebas que menos se usan. Por otra parte, en las medidas de rasgos de personalidad, basadas en escalas o autoinformes (IER), es la misma persona quien valora sus niveles de inteligencia emocional contestando una serie de preguntas en una escala tipo Likert con múltiples opciones de respuestas. La IER es una dimensión transversal de la personalidad (Alegre *et al.*, 2019) y corresponde a la tendencia del individuo a responder y comportarse de manera efectiva en situaciones de contenido emocional.

Aunque no haya consenso sobre los varios modelos, los distintos autores coinciden en reafirmar la importancia de introducir programas de inteligencia emocional en las escuelas, pues aportan beneficios en cuanto al rendimiento académico del alumnado, la resolución del conflicto en el aula y fuera de esta, así como en el manejo del estrés y de la ansiedad, tanto del estudiantado como del profesorado. Actualmente, los jóvenes están más implicados en los comportamientos que aumentan los riesgos para su salud, los problemas académicos, los desequilibrios emocionales, etc., por lo tanto, hay que hacer hincapié en su prevención. Investigaciones, como la de Cabello *et al.*, 2010, han mostrado que las carencias en habilidades emocionales afectan a los estudiantes dentro y fuera del contexto escolar y no solo eso, sino que también su presencia es beneficiosa para el profesorado.

Según Bisquerra y Pérez-Escoda (2007) las CEmo están en un proceso de constante reformulación y construcción y se consideran un concepto más amplio de inteligencia emocional. Esto es debido al hecho de que la inteligencia emocional es un concepto más bien psicológico, por lo tanto, tiene que hacer referencia a constructos más precisos, concretos y específicos que permitan el desarrollo teórico y de la ciencia, mientras que las CEmo son algo que puede ser más genérico, amplio, integrador y más relacionado con aplicaciones prácticas. Por ello se considera que las CEmo son un concepto educativo que, además de integrar varios aspectos psicológicos, entre estos la misma inteligencia emocional, pueden añadir otros aspectos, como los sociales.

Las CEmo ponen énfasis en la interacción entre persona y ambiente, por lo tanto, atribuyen más importancia al desarrollo y al aprendizaje, así que tienen aplicaciones educativas inmediatas. Aquí entra la Educación Emocional, que pretende potenciarlas como elemento esencial del desarrollo integral de las personas para capacitarlas para la vida, dando respuesta a las necesidades sociales que con la educación formal no quedan del todo solucionadas.

El aprendizaje de estas competencias depende de su práctica y de su entrenamiento, y el paso previo para aplicar estos programas pasa por la necesidad de formar a los docentes que luego los impartirán. Sabemos que, en nuestro país, aún hay pocos trabajos empíricos publicados sobre la evaluación y eficacia de estos programas. De ahí también el interés de compartir nuestro caso real (Pena y Repetto, 2008), que usa el modelo de CEmo, que algunos autores incluyen en los modelos mixtos, mientras otros los consideran un modelo propio. En nuestro caso real, nos hemos inclinado por considerarlas dos maneras de medidas complementarias y la mejor parece ser la combinación de herramientas como el MSCEIT y los autoinformes, dado que el primero nos dice si la persona tiene desarrollada o no la habilidad y, los segundos, si la pone en práctica en su vida diaria.

Como el constructo de CEmo es uno de los dos conceptos prioritarios de nuestro caso, hemos decidido emplear el cuestionario CDE-Q35, basado en el modelo pentagonal del GROP, con enfoque integrador, pues es un test de autoinforme que ha sido desarrollado para dar respuesta a las distintas críticas sobre cómo medir la IER, basándose en el modelo pentagonal de CEmo de Bisquerra y Pérez-Escoda (2007) y que tiene un dilatado uso en la educación emocional, aunque, como hemos señalado, creemos en la complementariedad de los dos tipos de mediciones.

Finalmente apoyamos la comunidad científica que afirma que, aunque hayan diferencias, entre los constructos de Inteligencia Emocional, Educación Emocional y CEmo y no siempre haya consenso entre los autores, las CEmo pueden sin duda aprenderse o desarrollarse, aspectos en que profundizaremos en el capítulo 5 y hay que incluir la formación en inteligencia emocional en la formación inicial del docente.

Es decir, que las CEmo, son unas competencias básicas en la escolaridad y su formación es uno de los objetivos educativos mínimos de la enseñanza obligatoria.

2. Didáctica y metodología en educación emocional

En cuanto a la metodología usada en el ámbito de la educación emocional, coincidiendo con otros autores, consideramos que tiene que ser eminentemente práctica para poder desarrollar las CEmo, por lo tanto, mediante el uso de varias actividades, como dinámicas de grupo, juegos, modelados, relajación, *role-playing*, dramatización, diálogo, autorreflexión y técnicas similares (Bisquerra, 2011).

Como estrategias para la educación emocional, consideramos interesante añadir específicamente el *coaching*; por este motivo, lo hemos introducido en el capítulo uno. Sabemos que el *coaching* se basa en varias herramientas, entre ellas las preguntas (ver capítulo 1, punto 2), que provocan que la persona que se está formando, reflexione. Mediante su uso podemos entrenar habilidades y CEmo, y la realización de programas de educación emocional puede usar solo el *coaching* o este conjuntamente a todas o a algunas de las actividades anteriormente mencionadas.

Será importante que todas las intervenciones que se realicen en educación emocional sean evaluadas para optimizar sus resultados, aunque somos conscientes de que medir las emociones no es tarea fácil, y se tiene que asegurar tanto la validez de los instrumentos usados, como su fiabilidad. Plutchik (1991) plantea que para evaluar las emociones habrá que medir sus tres componentes: el fisiológico (como la temperatura de la piel, el ritmo respiratorio o la frecuencia cardiaca), el comportamental (como grabando vídeos de expresiones) y el cognitivo (como midiendo las respuestas de los participantes con test y autoinformes). En la actualidad, el uso de estas herramientas para medir los primeros dos componentes resulta algo complejo en la educación emocional, ya que invade la confidencialidad y la privacidad de datos. Mientras que, en relación con el tercer componente, el *cognitivo*, sí se han llegado a definir unos instrumentos válidos y fiables, aunque con estos tipos de medidas hay que procurar siempre ser prudentes y cautelosos, dado que en las respuestas de los sujetos pueden influir otras variables (Álvarez *et al.*, 2000).

El componente cognitivo es justamente el que, también en nuestro caso real, hemos podido evaluar con el cuestionario de autoinforme del GROP, el CDE-A35, para valorar las CEmo mediante dos mediciones: antes de la realización del programa de *coaching* integral y después, una vez terminado. De todos modos, como veremos en la segunda parte del libro, en nuestro caso, el objetivo principal ha sido medir también el componente conductual para identificar la percepción de los cambios, más allá de los procesos cognitivos. No podemos olvidar que estos tipos de componentes son más complejos de ser evaluados que los cognitivos, pues, a la hora de valorar emociones, no existen métodos totalmente satisfactorios para aplicarlos a la educación emocional (Bisquerra, 2003), por lo tanto, hay que seguir investigando la metodología tanto a nivel cualitativo como cuantitativo.

3. Tipología de programas de intervención y beneficios

Los contenidos de la educación emocional relacionados con lo expuesto anteriormente suelen centrarse en temas como (Álvarez *et al.*, 2000; Bisquerra y Pérez-Escoda, 2012): el concepto de emoción, sus clasificaciones y cómo influyen en nuestro comportamiento y en nuestra salud; la emoción y la motivación; el rol de las emociones en la resolución de los conflictos y en la toma de decisiones; las emociones y el consumo de drogas; cómo llegar a formar personas emocionalmente inteligentes; las inteligencias múltiples y el concepto de bienestar; los conocimientos sobre neurociencia y cerebro emocional; el desarrollo de las CEmo, haciendo referencia al modelo pentagonal ya expuesto en el segundo capítulo y a sus cinco dimensiones; la adopción de una actitud positiva frente a la vida, etc. Los programas de educación emocional pueden variar según se dirijan al profesorado o al estudiantado, según el nivel del alumnado, según los conocimientos que el colectivo destinatario tiene previamente y su nivel de madurez (Bisquerra, 2003).

Hay múltiples argumentos que justifican la necesidad de poner en práctica la educación emocional, empezando por las estadísticas sobre la incidencia y la prevalencia de la ansiedad, el estrés, el consumo de drogas, la violencia en general, y la de género en particular, cuyas cifras empiezan a ser realmente preocupantes.

Por lo tanto, como beneficios de su implementación en el ámbito educativo, podemos identificar los siguientes aspectos (Bisquerra y Pérez-Escoda, 2007; Brackett *et al.*, 2012, Durlak *et al.*, 2011; García Navarro, 2017; Palomera *et al.*, 2008; Petrides, *et al.*, 2004; Schutte *et al.*, 2001):

- Mejora de la calidad en las relaciones interpersonales.
- Mejora de la empatía.
- Mejora del clima.
- Mejora de la adaptación al entorno.
- Disminución del índice de violencia, del consumo del alcohol y de drogas.
- Disminución de la ansiedad y del estrés.
- Mejora del rendimiento académico.
- Mayor retención del sistema educativo.
- Disminución de conflictos y problemas de conducta.
- Mejora de comportamientos desajustados.
- Más concentración, conexión, interés y bienestar en el ambiente profesional o escolar.
- Mejor de la salud mental.
- Más satisfacción en la vida.

Por lo tanto, es evidente que la educación emocional puede considerarse un tema completamente transversal que involucra a la totalidad del profesorado a lo largo de todo el currículo académico, dado que los temas tratados pueden retomarse en varias ocasiones a lo largo de toda la vida escolar. Consideramos muy importante empezar formando al profesorado y tiene de estar presente en sus estudios iniciales de grado y en el máster de secundaria y, luego, seguir con la capacitación continua. Se puede introducir claramente en las tutorías y en la educación por la ciudadanía, pues ambas comparten objetivos comunes, como el desarrollo personal y social, aunque, en realidad, puede aplicarse a todas las asignaturas, dado que lo importante está más en el cómo se enseña, que en el qué. Para que esto funcione, los directivos de los centros, el profesorado y las familias, tienen que trabajar en equipo (Bisquerra y Pérez-Escoda, 2012).

4. El *coaching* aplicado al ámbito educativo para el desarrollo de las competencias emocionales

Distintos autores han hablado de innovación educativa, por lo tanto, analizando la bibliografía encontramos varias definiciones de esta. Por ejemplo, nos fascina la de Carbonell (citado en Cañal de León, 2002) que dice que es «un conjunto de ideas, procesos y estrategias, más o menos sistematizados, mediante los cuales se trata de introducir y provocar cambios en las prácticas educativas vigentes». Se refiere a la innovación más como a un proceso, que no como a una actividad concreta, y tiene como objetivo transformar lo existente, provocando un cambio en la forma de pensar, en las actitudes, en los métodos y en la manera de enseñar y aprender. Por ello va asociada al cambio. Imbernón (1996) la define también como «una actitud y un proceso de indagación de nuevas ideas […]» y Escudero (1996) como «una batalla a la realidad […] a lo mecánico, a lo rutinario […] supone una apuesta para la imaginación creadora, por la transformación de lo existente […]».

En las distintas definiciones encontradas hay un punto en común: la innovación educativa no es algo estático, es algo dinámico, es un proceso que como principal objetivo tiene el de provocar cambios en múltiples aspectos del contexto educativo, desde descubrir nuevos métodos hasta nuevas formas de relacionarse, con el objetivo principal de transformar lo que ya existe y de avanzar. Las acciones de innovación son las que van dirigidas a mejorar la calidad del sistema educativo, así como el proceso de aprendizaje y enseñanza, y las relaciones dentro del aula y en el centro.

Precisamente, la educación emocional y el CEd pueden ser percibidos como formas de innovar en el aula y en el centro. Hemos observado que ambas líneas, según los programas realizados hasta el momento, ponen en el centro al profesorado y, como consecuencia, al alumnado, como beneficiario final, y pueden contribuir al desarrollo docente y, por lo tanto, a la mejora en la educación para potenciar el bienestar del educador, revalorizar su identidad profesional de cara al mismo, a la escuela y a la sociedad en general (Bisquerra, 2011; 2016).

Como ya mencionado, el rol del docente es imprescindible en el proceso de enseñanza y aprendizaje y entre sus funciones está la de organizar el contexto para aprender, planificar las actividades que se van a desarrollar para lograr determinados objetivos, evaluar el desempeño del alumnado y cada vez se le exigen nuevas y ulteriores responsabilidades, como la de acompañar al estudiantado precisamente en este desarrollo integral de su persona. Por este motivo, en algunas circunstancias, el profesorado puede llegar a sentirse abrumado por un exceso de presión social y de responsabilidades, no siempre del todo claras, y llegar a caer en una insatisfacción y desmotivación por no saber cómo responder a lo que se le pide, un constante malestar que queda evidente en sus niveles de estrés y una falta de estrategias para abordar los distintos problemas que se le presentan en el ámbito escolar. De allí que necesitamos a un profesorado emocionalmente inteligente, dado que además va a ser un referente y un modelo para su alumnado y va a trasmitirle unas enseñanzas no implícitas que adquirirá de manera inconsciente y con una huella duradera (Joyanes y López, 2012). Sus CEmo y sus competencias sociales tienen una influencia relevante sobre la forma de ejercer la docencia y las relaciones que establezca en el aula. Por ello, formarlos en estos temas es una urgencia hoy en día (Palomero, 2009) y hay que proponerles formaciones que les permitan desarrollar estas competencias.

El CEd es precisamente una de las actividades, recursos o estrategias de innovación que se está utilizando para desarrollar estas CEmo durante las últimas dos décadas. Obiols y Giner (2011) realizaron un estudio, dirigido al profesorado de educación superior de seis universidades españolas, que consistió en evaluar las valoraciones de los docentes al terminar una formación dividida en dos partes, distribuida en cuatro módulos en total (dos en cada una de las partes): un curso de inteligencia emocional y liderazgo (de 16 horas) y otro de *coaching*, comunicación y estrategias relacionales (de 8 horas). Mediante este estudio mostraron la relación entre el modelo del EEES (Espacio Europeo Educación Superior) y el de CEd, y, gracias a analizar los resultados de las valoraciones del profesorado a esta formación, pudieron justificar el interés que van adquiriendo en la actualidad el uso de nuevas disciplinas como el *coaching* para el desarrollo de las CEmo del profesorado. En el estudio se observó que el CEd aportaba al docente un posicionamiento que facilitaba la participación activa del alumnado en su proceso de aprendizaje.

Otro autor, Hué (2013), realizó un programa también dirigido al profesorado universitario, diseñando un curso de formación de 8/12 horas, distribuidas en tres-cuatro sesiones por un total de siete módulos, durante la temporada del 2003 a 2012, primero impartido en la universidad de Zaragoza y luego en otras universidades, entre ellas en Cataluña, País Vasco, Galicia y Madrid. Como metodología se usó la mayéutica, que precisamente como el *coaching* (que recordamos tiene entre sus orígenes precisamente la filosofía), se basa en una continua interacción entre el profesor que imparte el curso y los docentes que lo reciben para que puedan exponer sus experiencias personales y puedan reflexionar sobre ellas para mejorar, siempre dentro del contexto de sus emociones y su gestión.

Ambos estudios, entre los varios analizados, ponen de manifiesto en general una mejora en las competencias del profesorado, y, en particular, de sus CEmo, gracias a las intervenciones en CEd y los beneficios de su uso para la formación del profesorado. En concreto, hemos visto que el CEd ha servido para cambiar aspectos como, por ejemplo, las técnicas de enseñanza, la mejora en la calidad docente, el conocimiento de uno mismo en cuanto a sus fortalezas y debilidades, las estrategias de motivación y la participación del alumnado, el manejo del aula y ha ayudado a encontrar respuestas distintas adaptadas al estilo personal de cada uno.

El programa de intervención que hemos diseñado para el profesorado y que encontraréis descrito a continuación en la segunda parte del libro como caso real, se basa precisamente en el uso del *coaching* aplicado al mundo de la educación.

Como conclusión de este capítulo y de esta primera parte del libro nos parece importante comentar, tal como lo hacen Entrena y Regi (2020), que no existen metodologías "mágicas" para llegar a una educación integral del alumnado, sino más bien varias estrategias que pueden usarse según los estilos del profesorado y alumnado. Por lo tanto, lo interesante es ofrecer una diversidad en formas de aprendizaje, personalizándolo, teniendo en cuenta además que las personas tendrán que aprender a lo largo de toda su vida. En esta variedad de estrategias entraría sobre todas ellas la acción de facilitador y tutor que puede realizar el docente-*coach* y su acompañamiento personalizado al alumnado, para que cada uno sea capaz de encontrar lo que mejor se le adapte. Estamos viendo como este elemento está siendo una garantía de éxito educativo en varios centros, como es el caso de la Escuela Virolai, en Barcelona (Colbert, 2020).

Es precisamente sobre este aspecto de acompañamiento y personalización que profundizaremos en la segunda parte del libro, mediante la descripción del programa de *coaching* integral que diseñamos o implementamos para el desarrollo de las CEmo de nuestro claustro de secundaria.

PARTE 2:

UN PROGRAMA DE COACHING INTEGRAL EN UN CENTRO ESCOLAR DE SECUNDARIA EN BARCELONA

CAPÍTULO 4

¿QUÉ NECESITABA NUESTRO CENTRO ESCOLAR?

1. El caso

Como mencionado en la introducción, esta segunda parte del libro describe el caso real de un centro de Educación Secundaria Obligatoria en Cataluña, que forma parte de la fundación educativa FEDAC[1] (que por razones de confidencialidad de aquí en adelante llamaremos FA) y de su claustro, que durante todo un curso académico participó en un programa integral de intervención de CEd para desarrollar sus competencias emocionales.

El objetivo de esta segunda parte es precisamente dotar a los docentes de secundaria, así como más en general al profesorado de otros niveles educativos, de herramientas prácticas procedentes del mundo del *coaching* que puedan aplicar en el aula y fuera de ella, para acompañar a su alumnado en su desarrollo integral como personas, empezando por su educación emocional.

Solo recordar que el caso real que ahora describiremos hace referencia al trabajo de campo que la misma autora realizó hace unos pocos años, dentro del marco de su investigación doctoral con la Universitat Ramon Llull (URL). En este cuarto capítulo identificaremos el contexto en sí del centro, con su historia y filosofía, así como sus principales actores y qué papel jugó cada uno de ellos, para entender mejor sus necesidades y el programa de intervención que finalmente se diseñó y llevó a cabo (y que veremos en el capítulo 5).

---

[1] Consultar la página web: http://www.fedac.cat, red de 25 escuelas en Cataluña.

1.1. EL CENTRO ESCOLAR, SU CONTEXTO Y SU HISTORIA

FEDAC es una fundación educativa creada en el 2009. Su fundador es el Pare Coll de las Dominicas de la Anunciata y FA, la escuela escogida como caso contextual, es uno de los veinticinco centros que hay en Cataluña y que forman parte de esta congregación. Aunque sea, por lo tanto, una fundación relativamente joven, su experiencia en el mundo educativo se fundamenta en una tradición de más de ciento cincuenta años de las escuelas de las hermanas Dominicas de la Anunciata.

FA, conjuntamente a FH (otro de los centros de FEDAC) eran, en el momento de realizar nuestra investigación, los dos colegios más grandes de la fundación y los únicos en tener cursos desde la etapa de infantil hasta segundo de bachillerato. FA es un centro concertado.

FEDAC nació por una situación económica de crisis en Cataluña de las escuelas de los pequeños pueblos; de ahí, la decisión de crear una fundación, dado que las escuelas grandes, como era el caso de FA, o de FH, de FSA o de FV (otros de los centros pertenecientes a FEDAC), podían ayudar a otras que no tenían una situación de normalidad e integrarlas. Así que, durante unos años, un grupo de trabajo, una comisión y un patronato valoraron y meditaron la posibilidad de crear una fundación. A esto se añadió que las mismas hermanas dominicas se dieron cuentas de que tenían muchas posiciones directivas ocupadas por personas a punto de jubilarse y que, por otra parte, no había una clara vocación para relevar estos cargos, así que el futuro de la congregación se encontraba en claro riesgo. Por todo ello se tomó la decisión de crear la fundación FEDAC.

Las veinticinco escuelas no entraron a formar parte de la fundación al mismo tiempo. El patronato se encargó de valorar la situación de cada una, y además hubo que tener en cuenta también el tema de la cesión de los edificios por parte de las hermanas a FEDAC, por lo tanto, los centros entraron poco a poco, al ir disponiendo de toda la documentación necesaria. Actualmente, sigue habiendo hermanas en FA, pero ya son ancianas y no imparten clases; tampoco entran otras nuevas, precisamente por esta falta de vocación, así que en el centro se convive con ellas de manera colaboradora.

Para entender mejor nuestra elección del centro y lo importante que es el contexto a la hora de diseñar y realizar un programa como este, a continuación, se resumen la misión, la visión y los valores de las escuelas FEDAC.

1.2. LA FILOSOFÍA DEL CENTRO Y SU PROYECTO EDUCATIVO

La *misión* de FEDAC, es:

Hacer presente en nuestro mundo el mensaje liberador de Jesús de Nazaret, mediante la educación, de manera que nuestros centros, fieles al carisma del Padre Coll, sean lugares de promoción humana y evangelizadora con una atención preferente para los más necesitados, donde los niños y jóvenes puedan realizarse íntegramente como personas comprometidas con la sociedad y con el entorno.

(#avuixdemà 2024, escoles FEDAC).[2]

FEDAC se caracteriza desde sus orígenes como una comunidad educativa que cree en el poder transformador de la educación. Por ello, como visión se planteó revolucionar los seis paradigmas de la educación hasta el 2024 y, dentro de este objetivo, propuso el proyecto #avuixdemà2024, dirigido, precisamente, a cambiar la mirada hacia la educación. En este proyecto se ha querido involucrar a toda la comunidad de FEDAC, constituida por educadores, equipo directivo, alumnado y sus familias.

Su *visión,* por lo tanto, viene a ser:

Ser una entidad de referencia para su acción educativa y social que, preservando sus valores y siempre de acuerdo con los tiempos, trabaja para hacer posible la vivencia de estos paradigmas de liderazgo, cultura e impacto educativo, generados del legado que quiere dejar FEDAC.[3]

Los seis paradigmas que propone trancformar en su visión son los siguientes:

1. «Todos podemos ser líderes» frente al actual «el liderazgo es para una minoría» (*liderazgo).*
2. «Todos tenemos talento», frente a «pocas personas tienen talento» (*potencial*).
3. «Todo cambio empieza en mí», frente a «para mejorar nos tienen que cambiar el sistema» (*cambio*).

---

[2] La misión de las escuelas FEDAC, así como otra información presente en este capítulo 4 referente al contexto de nuestro estudio, ha sido extraída de los documentos de la misma Fundación, que han sido facilitados a la autora del libro, cuando estuvo como investigadora. Traducción propia en castellano de la misión de FEDAC.
[3] Traducción propia desde la página web de FEDAC: https://escoles.fedac.cat/presentacio/

4. «Somos guías», frente a «los educadores controlamos y dirigimos el aprendizaje de los alumnos» (*rol*).
5. «Cuidamos de la humanidad y del mundo», frente a «yo consigo mi éxito» (*éxito*).
6. «Empoderar a personas competentes globalmente», frente a «centrarse en los resultados académicos del alumnado» (*aprendizaje*).

Destacamos que el objetivo de transformar estos seis paradigmas y su contenido resulta estar muy alineado con la filosofía del CEd (ver cap. 1). Definir al educador como un "guía", en contraposición al rol que ha tenido y que, en muchos casos, aún tiene en varios centros educativos, de figura que controla y dirige el aprendizaje del alumnado, es ciertamente una de las características principales del docente-*coach*. Así que este resultó ser uno de los factores clave que, a la hora de elegir uno de los centros de FEDAC para desarrollar nuestro caso práctico, nos hizo decidir.

Para conseguir esta transformación educativa, en el proyecto #avuixdemà2024 se identificaron *veinticuatro retos*[4] que nacieron de unas necesidades detectadas en los centros de FEDAC de manera sistémica. Estos veinticuatro retos se agruparon en *cuatro ámbitos* y cada uno involucró *seis retos*:

1. El *carácter*: las escuelas FEDAC tienen una personalidad propia, un determinado carisma, sencillo, familiar y abierto. Los seis retos son: ser guía, la tutopía, la identidad, la equidad, la pasión y el sexto sentido.
2. La *comunidad*: las escuelas FEDAC son una comunidad constituida por educadores, familias, equipo directivo, alumnado y ex alumnado, así como el entorno, y tienen el compromiso de solidaridad hacia los demás de un modelo de acción compartida. Los seis retos son: la comunicación, todos juntos somos uno, los liderazgos, el bien común, el círculo y la glocalidad.
3. La *educación*: la innovación y la mejora educativa son las herramientas que permitirán evolucionar al paradigma de que el aprendizaje sea algo de todos, en su conjunto y no solo del educador. Los seis retos son: los lenguajes, la crea-actividad, los biofedacs, los idiomas+, el aprendemos y el trabajo bien hecho.

---

4 https://escoles.fedac.cat/24-reptes/

4. El *entorno*: los centros de FEDAC son entornos que, al mismo tiempo, tienen que hacerse presentes en su entorno, con una mirada que va más allá de la realidad del centro para incidir en el círculo de influencia de la comunidad educativa y crear una cultura de compromiso social que transforme el entorno. Los seis retos son: abiertos, transformadores, oferta, los espacios hablan, TACtil y E-U-E (Escuela-Universidad-Empresa).

En cuanto a sus *valores*, las escuelas FEDAC se inspiran en una concepción cristiana de la persona, de la vida y del mundo. Por ello asumen los valores propios del Evangelio y de las hermanas Dominicas de la Anunciata, que son fuentes de justicia, paz y amor. Entre el conjunto de valores que constituyen la esencia de su misión, destacan en concreto nueve, que identifican su trabajo como educadores (figura 1).

Figura 1. Los valores de las escuelas FEDAC[5]

Fuente: https://escoles.fedac.cat/presentacio/

---

[5] Traducción en castellano de los valores de FEDAC: creatividad, búsqueda de la verdad, interioridad, sencillez humana, solidaridad, fidelidad, corresponsabilidad, compasión, esperanza.

Su proyecto educativo

En cuanto al proyecto educativo de las escuelas FEDAC, este coincide con un plan estratégico de innovación pedagógica y de transformación de la educación de sus escuelas. Dentro de este mismo plan hay un conjunto de proyectos que han tomado relevancia y que diferencian las escuelas FEDAC de otras, entre los cuales destacamos: Tutopía y LeaderInMe (LEM). Estos dos proyectos revisten un rol especial en nuestro caso por guardar una fuerte relación con el CEd y las CEmo.

Etapas escolares

En FA se ofrecen todas las etapas educativas desde infantil a bachillerato (tanto el científico como el humanístico). Esto era algo que, cuando se realizó el estudio, ocurría solo en los centros más grandes, mientras en el resto se ofrecía solo hasta segundo ciclo de secundaria.

2. Los protagonistas de nuestro caso

Seleccionamos el centro de FA intencionadamente. Por un lado, por un tema de accesibilidad, dado que años atrás se había desarrollado un programa formativo con el claustro de primaria de la misma escuela con una muy buena valoración y, al proponerles realizar un programa con el claustro de secundaria, se mostraron desde el primer momento abiertos e interesados. Por otro lado, como acabamos de ver, existía una gran afinidad entre la visión y los valores de la misma fundación y la filosofía que mueve el CEd, por lo tanto, era el escenario ideal para implementar nuestro nuevo programa.

La elección de los participantes del centro también fue intencional y se implicó todo el claustro de la ESO, un total de veinte docentes (incluyendo la dirección pedagógica y el jefe de estudios de secundaria, que eran miembros de dirección y claustro, al mismo tiempo). A estos se añadieron, solo en determinados momentos del estudio, diez alumnos, los otros dos miembros de la dirección (el director general y la coordinadora de pastoral), seis familias y seis *coach* expertos (tabla 1).

Aunque en el programa solo participó el claustro de secundaria, es importante presentar todos los colectivos implicados, dado que fueron clave para su diseño.

Tabla 1: Resumen de los participantes del caso

Colectivo	Fases	Hombres	Mujeres	Edad media	Criterios de selección	Procedimiento de selección	Perfil participante (formación y profesión)
Equipo directivo (ED)	2, 3	1	1	47,5	Miembro ED de la ESO	Todo el ED de ESO	Letras
Docentes	1, 2, 3	6	17	47,4	Docente de 1º a 4º ESO	Todo el claustro de ESO	• 12 letras • 8 ciencias mat. (1 doctor) • 3 ciencias deporte
Grupo piloto docentes	2, 3	2	4	44,3	• Docente de 1º a 4º ESO • 25% claustro participante • Ambos géneros parte proporcional • Mayor y menor antigüedad centro • Algunos tutores ESO • Algunos miembros ED • Interesados y motivados por la innovación educativa • Comprometidos	La Dirección pedagógica de ESO eligió según los criterios indicados	• 3 letras • 3 ciencias mat.
Alumnado	1, 2, 3	4	6	14,1	• Cursar 2º, 3º, 4º ESO • Participativo • Maduro • Ganas de aportar y criticar constructivamente		2º a 4º ESO
Padres	2, 3	2	4	50	• Padre o madre del alumnado de 1º a 4º ESO • Implicados y participativos • Sensibles hacia temas de innovación en educación • Con ganas de aportar y criticar constructivamente • Conocedores del claustro	El director general envió un correo mediante Clickedu a las familias según los criterios indicados y participaron las que respondieron	• 3 licenciados en Ciencias (2 ingeniería; 1 enfermería) • 3 diplomados (1 enfermería; 2 otro)
Coach expertos	1	2	4	52,6	• Profesionales en activo en el mundo del CEd • Acreditados en una asociación de coaching internacional o nacional y con más de 5 años de experiencia como CEd • Más de 5 años de experiencia en educación. • Participación proyecto de CEd en la escuela. • Profesionales con publicaciones, participación en jornadas y elaboración de documentos de referencias sobre el CEd	La investigadora principal contactó con cada uno por correo electrónico para invitarlos a participar y todos aceptaron	• 6 licenciados y 5 doctores

Fuente: Chianese, 2021

2.1. EL CLAUSTRO DE SECUNDARIA

Dentro del claustro había varias figuras. Entre ellas destacamos las más interesantes de cara a nuestro caso: la de coordinador y/o coordinadora, la de tutor y/o tutora y la de profesor y/o profesora.

El *coordinador* era el educador responsable de coordinar la tarea educativa que se llevaba a cabo en el equipo donde participaba como docente. Su misión principal era ser referente inmediato para el resto del equipo docente para lo relacionado con la dinamización del proyecto educativo y la coordinación de las actividades escolares y actuar como mediador con el equipo directivo.

El *tutor* era el educador responsable de coordinar la formación integral del alumnado de un grupo en concreto. Desarrollaba su función en coordinación con el resto del equipo docente y las familias. Era un modelo de referencia para el alumnado del centro. Su misión era ser el inmediato animador del desarrollo del proceso educativo del grupo y de cada alumno y alumna y facilitar que el alumnado creciera y adquiriera estrategias de superación personal, espiritual y académica.

El tutor tenía unas competencias muy similares a un *coach* (ver cap. 1), era alguien con empatía, capacidad de escucha, honrado, firme y amable, que transmitía confianza, sincero, con una buena gestión emocional y noble. Los tutores se asignaban o bien por un tema táctico y de horario, o porque desempeñaban su función muy bien. Cada año se realizaba una evaluación para confirmar su continuidad al menos en este rol, no existiendo un número de años mínimo, ni máximo, para serlo.

El *profesor* era el educador responsable de un área, materia o conocimiento que seguía las directrices de un proyecto educativo del centro y se coordinaba con los miembros, el equipo directivo y el centro con quien tenía relación. Estos profesores realizaban 24 horas lectivas y 6 no lectivas a la semana, pudiendo impartir una o más asignaturas en varios niveles o ciclos. Su principal misión era la de conseguir que el alumnado adquiriera un nivel competente en las áreas que impartía, transmitiendo los valores de la institución y acompañándole en el proceso de aprendizaje para ayudarle a descubrir sus talentos y capacidades.

El programa, como veremos en el capítulo cinco, se dividió en dos partes, y en cuanto a los docentes, fue determinante que nos ayudasen en la detección de las necesidades del centro y para el diseño de su primera parte. Por ello entrevistamos individualmente a unos 5 profesores, que fueron seleccionados gracias a la ayuda del equipo directivo siguiendo criterios como: ser representativos del 25% del total del claustro de la ESO, así como por sexo, edad y antigüedad en el centro; tener distintos estilos de docencia, estar más o menos abiertos a innovar en el aula; ser más o menos critico hacía al centro y a su mismo trabajo y estar más o menos interesados a las temáticas del programa que íbamos a realizar.

Los objetivos de estos criterios fueron principalmente conocer puntos de vista distintos del profesorado y al mismo tiempo conectar previamente con el grupo, para facilitar su participación en el programa desde antes de su comienzo, dado que era importante su implicación en la formación desde su principio.

Finalmente, para escuchar todas las voces del claustro, para el diseño del programa, se pasó una encuesta a los demás profesores. De esta forma, a parte definir una intervención realmente contextualizada, se tuvo en cuenta uno de los principios psicopedagógicos de la formación (Kirpatrick y Kirpatrick, 2006)[6], en concreto, el de la *implicación*, o sea, que antes de realizar un programa es importante implicar a todos los asistentes en sus contenidos, expectativas, etc. para que puedan involucrarse más.

Para el diseño de su segunda parte, dentro del mismo claustro, se seleccionó un *grupo piloto* que lo realizó integralmente (primera y segunda parte). A la hora de elegir este colectivo, se tuvieron en cuenta los criterios descritos en la tabla 1.

2.2. EL ALUMNADO

Los diez alumnos que ayudaron en el diseño del programa y en su valoración, una vez terminado, fueron seleccionados también intencionalmente por parte de la dirección pedagógica del centro de FA, entre estudiantes de 2º, 3º y 4º de la ESO. En cuanto a los criterios de su elección, también están descritos en la tabla 1.

Tanto en el caso de los docentes, como del alumnado, el proceso para entrevistarlos fue bastante similar; se hizo durante el horario escolar, y las entrevistas fueron individuales y grabadas, tras acuerdo de consentimiento informado y de confidencialidad de datos, así como autorización previa, que, en el caso de los estudiantes, siendo menores, fue realizada por los padres. Con ambos colectivos hubo una reunión previa a la entrevista, para que se le presentase el proyecto.

---

[6] Los 4 principios psicopedagógicos necesarios para que se produzca aprendizaje en los participantes en una acción de formación, según los autores son: 1. Su experiencia previa; 2. Su actividad e implicación; 3. Su satisfacción y refuerzo positivo; 4. Su involucración (cuanto más claras sus necesidades, más se cumplirá este principio).

Tanto las entrevistas con los docentes, como con el alumnado, profundizaron en los siguientes temas:

- Sus *conocimientos genéricos sobre los conceptos de inteligencia emocional* y de las CEmo (que se entiende con ellos).
- Su *formación previa* realizada sobre esta misma temática (su punto de partida).
- La *búsqueda de ejemplos concretos de CEmo* que pudiesen ofrecer los sujetos entrevistados (cómo se conocen, cuáles, etc.).
- La *presencia y la observación de estas competencias en el aula* (cuáles en concreto, de qué manera se manifiestan, etc.).
- La *valoración de su posible aportación futura en el aula y fuera de esta* (si se considera que su presencia y, sobre todo, su desarrollo en el contexto educativo puede aportar un valor añadido y de qué tipo).
- Su *conocimiento genérico sobre el concepto del coaching* (se usó como referencia el modelo competencial del ICF, ver capítulo 1) (Goldvarg y Perel de Goldvarg, 2012) y *su aplicación en el ámbito educativo* y qué *relación podían tener con las CEmo* según las percepciones de los entrevistados.

2.3. EL EQUIPO DIRECTIVO

El Equipo directivo (de ahora en adelante ED) estaba constituido por cuatro miembros: el director general, la directora pedagógica, el jefe de estudio y la coordinadora de la pastoral.

La *dirección general* del centro era la figura responsable de desarrollar y coordinar el proyecto educativo y la actividad que de este se originaba y era el representante ordinario de la fundación del centro, nexo de unión entre este y el equipo de titularidad de la fundación FEDAC. Su principal misión era la de liderar y dinamizar una oferta educativa de calidad, el significado evangélico en el entorno, la viabilidad física y económica del centro y el sentimiento de pertenencia del personal.

La *dirección pedagógica* era la dirección responsable de orientar y supervisar las actividades educativas del centro en todos los aspectos pedagógicos. Su principal misión era liderar y dinamizar una oferta educativa de calidad, el significado evangélico del centro y la línea pedagógica en su etapa. En este caso, durante el curso que realizamos nuestra intervención, la dirección pedagógica de secundaria, además de su función directiva, impartía 12 horas lectivas de clase en bachillerato.

El *jefe de estudio* era el directivo responsable de la organización académica y curricular y de vigilar el cumplimiento de la documentación académica legal establecida. Su principal misión era la de liderar y dinamizar una oferta educativa de calidad, el significado evangélico del centro y la organización académica y curricular de su etapa. En este caso, durante nuestra intervención, el jefe de estudio además de su cargo en el equipo directivo impartía 16 horas de clase en la ESO. Por ello, tanto la directora pedagógica, como el jefe de estudio, al ser también parte del claustro, participaron en el programa integral de *coaching*.

La *coordinación de la pastoral* era la responsable de coordinar, planificar y animar la acción educativa-evangelizadora del centro en el marco del plan de evangelización institucional. Su principal misión era la de liderar y dinamizar una oferta educativa de calidad, el significado evangélico del entorno y la animación de la pastoral del centro. Se encargaba de definir e implementar proyectos de interioridad, tutopía, educación emocional y justamente su trabajo iba muy alineado al programa que finalmente diseñamos, con la idea de enfocarse al desarrollo de las competencias emocionales del tutor.

Todo el equipo directivo fue entrevistado antes de realizar el programa para ayudar a su diseño, y conocer mejor el contexto, el centro y sus necesidades, así como una vez terminada la intervención, para obtener su valoración y su posible impacto en los docentes y en el centro, más en general.

2.4. LAS FAMILIAS

Un grupo de familias también participaron en el diseño del programa y fueron seleccionadas por la dirección general que contactó previamente con dieciocho de ellas mediante la plataforma de Clickedu[7] presentando el proyecto. Finalmente contestaron seis que se involucraron, tanto en el diseño del programa, como en su valoración al terminarlo, aunque este último punto resultó más complejo, por falta de tiempo y de contacto directo con el profesorado de sus hijos. Estas familias fueron entrevistadas mediante una entrevista colectiva, un focus group[8], y también firmaron un acuerdo de confidencialidad de

---

[7] Clickedu: es el *software* de gestión educativa que tienen en FA y en muchos otros centros, que incluye la gestión académica, administrativa y económica en un entorno de aprendizaje virtual y que permite que profesorado, los tutores y los jefes de estudio gestionen sus asignaturas y funciones, así como el entorno de comunicación con las familias.

[8] El Focus Group (FG) es una entrevista realizada a todo un grupo de personas para recopilar información relevante sobre el problema que se va a investigar y se llama FG o grupo focal, porque se centra justamente en abordar a fondo un número concreto

datos y el consentimiento para ser grabadas. Los criterios que se tuvieron en cuenta para seleccionarlas están también resumidos en la tabla 6.

2.5. LOS *COACHES* EXPERTOS EN *COACHING* EN EDUCACIÓN

Los seis *coach* expertos en el ámbito educativo que participaron en la detección de necesidades vivían en varias localidades de España y, en un caso en concreto, en Inglaterra. Podemos ver los criterios que se tuvieron en cuenta para seleccionarlos en la tabla 6.

Las entrevistas con los *coach* expertos, al vivir en distintas ciudades, se realizaron casi todas por *skipe* (excepto una que pudo ser presencial), individualmente y también fueron grabadas previa firma de consentimiento informado y acuerdo de confidencialidad. Estas entrevistas fueron determinantes para ayudar en el diseño del contenido del mismo programa de *coaching* integral impartido luego al profesorado del centro.

En el caso que el lector estuviese interesado en conocer más en detalle el tipo de preguntas que se les hizo, así como las respuestas ofrecidas para todos estos colectivos, invitamos a explorar los anexos de nuestro trabajo de investigación[9].

3. ¿Qué necesitaba nuestro centro?

Mediante estas entrevistas, se detectaron las siguientes necesidades, que fueron clave para el diseño de nuestro programa integral de intervención de CEd:

*   Mejorar el desarrollo y la gestión de las CEmo del profesorado y del alumnado.
    *   o En el caso del profesorado, sobre todo en las CEmo relacionadas con conductas no percibidas como positivas socialmente, como, por ejemplo, la gestión del conflicto (CS)[10], el recibir un *feedback* constructivo (CS) o la gestión de un fracaso (AE).

---

de tópicos sobre el objeto de estudio. Es una técnica eminentemente cualitativa, mediante la cual se pretende llegar a un consenso entre los miembros del grupo acerca de temas diversos (Bisquerra, 2004).
[9] http://hdl.handle.net/10803/673242
[10] Ver el segundo capítulo, el modelo pentagonal de las CEmo.

- En el caso del alumnado, más en general, en todas ellas, dado que se mostraban más abiertos a la hora de identificar tanto sus conocimientos, como la falta de ellos.
- Mejorar el conocimiento y el desarrollo de las competencias básicas de un *coach* en el profesorado, sobre todo: la capacidad de relacionarse con el otro (CS), la escucha (CS), el saber dar y recibir *feedback* (CS), el vivir el fracaso como algo constructivo (AE), el preocuparse por el otro (CE y CS) y el comunicarse con más profundidad y entendimiento (CS, CE y RE).
- Tomar consciencia de cuáles eran las CEmo que cada docente tenía más desarrolladas y cuáles menos, empezando con un trabajo de autoconocimiento, mediante el uso del CEd.

Tanto el profesorado como los *coaches* expertos coincidieron en que este programa de CEd integral incidiría en dos aspectos fundamentales: una mejora en la autoestima y seguridad de los docentes (por lo tanto, en su AE) y otra en las relaciones y el clima del aula y del centro. Además, el profesorado veía un ulterior beneficio en el acompañamiento del alumnado desde una mayor autonomía y, los *coach* expertos, destacaban también la rigurosidad científica que el programa aportaría al concepto de *coaching* y a su aplicabilidad al contexto de la educación.

Gracias a esta detección de necesidades previa se identificó una relación bidireccional entre el concepto de CEmo y el de CEd, puesto que, a través de un proceso de *coaching*, se podía mejorar el conocimiento de uno mismo y definir que potenciar en sus CEmo, pero solo gracias a un trabajo de autoconocimiento y al estar motivados para realizarlo, se podía empezar un proceso de *coaching*.

A partir de estas conclusiones se diseñó el programa de *coaching* integral en educación que veremos en el siguiente capítulo.

CAPÍTULO 5

¿QUÉ PROPUSIMOS PARA NUESTRO CENTRO ESCOLAR?

1. Diseño de un programa de intervención integral de *coaching* en educación

Tras detectar las necesidades concretas de nuestro centro, vamos ahora a describir el programa integral de intervención en CEd que se diseñó y se llevó a cabo, con el fin de que pueda ser de utilidad a la hora de elaborar futuras acciones similares.

Nuestro programa integral se dividió en dos partes:

1. Una primera de 15,5 horas en total, divididas en: seis sesiones de 2 horas cada una, dirigida al claustro de secundaria al completo (12 horas), más un trabajo final autónomo de unas 3,5 horas.
2. Una segunda de 9,5 horas en total, dividida: entre sesiones grupales (dos sesiones de 2 horas cada una) e individuales (entre una y cuatro sesiones, de 1 hora cada una, con una *coach* experta + tres sesiones cortas entre pares de 1,5 horas en total) y dirigida solo al grupo piloto de seis docentes (ver capítulo 4).

Todo el programa fue impartido en el mismo centro de secundaria durante tres meses seguidos por un total de 25 horas.

Antes y después de realizar la intervención formativa (pre y post-test), se midieron las CEmo del claustro mediante el cuestionario CDE-A35 (Pérez-Escoda *et al.*, 2010), basado en el modelo pentagonal del Dr. Bisquerra (ver capítulo 2), que fue suministrado a todo el claustro de secundaria del centro. Esta doble medición, aparte de ofrecernos la percepción de un posible cambio sobre el desarrollo de las CEmo del profesorado una vez terminado el programa, sirvió como "herramienta formativa" para que cada docente pudiera identificar su área de desarrollo en las CEmo del modelo (Bisquerra y Pérez-Escoda, 2007) y diseñar un plan de acción a implementar durante el trascurso del programa. Como comentan Entrena y Regí (2020), al adulto le ayuda su autoconocimiento, dado que el primer paso para definir un plan de mejora personal es conocerse y aceptarse a uno mismo.

Antes de detallar el programa, vamos a mencionar dos elementos que consideramos interesantes a tener en cuenta para su diseño.

1. El equipo de trabajo

Subrayamos la importancia de contar con un equipo mínimo de dos-tres profesionales, tanto del *coaching* como de la formación, para diseñar, preparar e implementar este tipo de intervención. En nuestro caso, contamos con un equipo de tres integrantes y en cada parte del programa intervinieron dos profesionales que compartieron roles. En la primera parte, el rol de diseñador del programa y el de facilitador[1] de las sesiones. En la segunda parte, a los dos roles anteriores, se añadió un tercero, el de *coach*, acompañando de manera individualizada a los docentes. Sus perfiles fueron muy similares en todo el programa: licenciatura en psicología, estudios de máster o postgrado, formación en *coaching* y en otras disciplinas similares y una larga experiencia en realizar programas de intervención con profesorado, familias y otros miembros de la comunidad educativa, así como procesos de *coaching* en el mismo ámbito.

2. Factores que facilitan o dificultan la aplicabilidad de un programa de CEd

Para diseñar las dos partes del programa, se identificaron los principales elementos idiosincráticos del centro que podían facilitar o, en su defecto, dificultar, la aplicabilidad de un programa de CEd.

Los *facilitadores* los hemos agrupado en estos *tres grandes bloques,* para que al lector le sea más fácil su identificación:

1. La *visión, la misión y los valores, así como la cultura del centro*, facilitan la implementación de un programa de CEd, cuando están alineadas con todos o parte de los principios básicos y de las premisas del mismo *coaching*.

---

[1] Facilitador: la persona que se ocupa de conducir el proceso de un proyecto, que permite el aprendizaje gracias a que cada uno evoluciona según sus intereses y necesidades, que deja espacio a los demás para construir este aprendizaje, que media en posibles conflictos y lanza preguntas para generar dudas y hacer reflexionar, garantizando que todo el grupo tenga las herramientas y los modelos necesarios para avanzar y funcionar correctamente (Masferrer, 2019).

2. El *contexto del centro y varios de sus elementos*: como por ejemplo su organigrama, su DAFO[2], las características del claustro y sus CEmo, sus políticas de gestión de los recursos humanos, su interés hacia un modelo pedagógico innovador o hacia la mejora del clima interno.

3. El *tipo de programa en sí*: el nivel de interés que suscita, las oportunidades que puede originar y cómo se puede medir su éxito, son elementos que analizados individualmente ayudan a tener una visión más completa a la hora de diseñar un programa de CEd. Entre estos últimos factores destacamos: el hacer participar al claustro; el dotarlo de herramientas prácticas para mejorar la gestión del aula, dinamizar y gestionar el conflicto; el mejorar las relaciones y los vínculos entre los docentes y de estos hacia al alumnado y a las familias, facilitando una actitud positiva; el mejorar la autoestima del profesorado; el implicar al ED y que sea capaz de dar ejemplos; el dotar de tiempo al claustro para poner en práctica lo aprendido; el ofrecerle un acompañamiento trimestral por parte de facilitadores externos o internos; el dotar de bibliografía a los docentes y, no menos importante, el dar continuidad al programa.

Mientras, como factores *que pueden amenazar* la aplicabilidad de un programa del CEd se destacaron los siguientes:

- La *actitud negativa y la resistencia* de ciertos miembros del claustro hacia el cambio y el innovar en el aula.
- La *poca afinidad entre algunos docentes* y, por lo tanto, no sentirse muy cómodos a la hora de abrirse y compartir con el grupo.
- La *desconfianza de ciertos miembros del claustro hacia al coaching* y programas similares.
- La *poca aplicabilidad de los contenidos del programa* al contexto real de clase.
- La *baja autoestima* de los docentes.
- La *poca comunicación con las familias* y su falta de implicación.
- *Factores externos* al profesorado y al programa (como disponer de poco tiempo para practicar los contenidos; el horario de realización del programa o las escasas habilidades del facilitador).

---

[2] DAFO: por sus siglas es un análisis de debilidades, amenazas, fortalezas y oportunidades, que se utiliza para identificar y observar los factores internos y externos que pueden tener gran impacto en la viabilidad de un proyecto, producto, lugar o persona. En este caso del centro escolar.

Para evitar estas amenazas, a la hora de preparar un programa de CEd, se propone aplicar unas estrategias preventivas para neutralizar o disminuir sus efectos, tal y como se hizo en nuestro caso (tabla 1).

Tabla 1. Factores de amenaza para la aplicabilidad de un programa de CEd y estrategias preventivas para neutralizarlos o reducirlos

Factores de amenaza	Estrategias preventivas
El horario de la formación que afecta al cansancio del claustro	Dinamizar las clases, facilitar herramientas prácticas, realizar *role-play* a medida, sesiones breves.
Falta de afinidad y de sinceridad entre los miembros del claustro	Crear un grupo piloto, trabajar en pequeños grupos, pedir un vídeo individual, garantizando la confidencialidad, como trabajo final con el que compartir los avances de cada uno.
Falta de predisposición e interés de algunos miembros del claustro hacia la formación en CEd	Reunirse previamente con algunos miembros y pedirles su implicación en el diseño y aplicabilidad del programa.
Actitud negativa de los docentes frente al cambio	Reunirse previamente con algunos miembros y pedirles su implicación en el programa.
Habilidades del facilitador para involucrar a los participantes	Generar cercanía, interés, dinamismo, presencia del facilitador.
Estrés que afecta al claustro y poco tiempo de que dispone para aplicar contenidos	Dar poco trabajo entre sesiones, ofrecer utilidad práctica de las sesiones, practicar durante el horario laboral.
Baja autoestima del claustro	Pedir un plan de acción + un vídeo final sobre el desarrollo de una CEmo, recibir *feedback* de reconocimiento y crecimiento.
Falta de participación de los padres	Involucrarlos en todos los momentos del desarrollo del programa.

Fuente: Chianese, 2021.

El programa integral de CEd para el claustro de secundaria

El programa integral de CEd incluyó tanto una formación en herramientas de *coaching* para todo el claustro (1ª parte), como un proceso de *coaching* individual y un acompañamiento entre pares para el grupo piloto (2ª parte).

1.1. 1ª parte (a): Programa para todo el claustro

La primera parte (a), dirigida al claustro completo de secundaria de FA, de 15,5 horas, fue diseñada e impartida por dos profesionales expertas en contextos educativos con este tipo de colectivo.

La metodología utilizada fue totalmente práctica y vivencial, alternando una base de contenido teórico, con dinámicas y ejercicios prácticos, que los docentes pudieran aplicar directamente en sus aulas.

Durante la primera sesión formativa se entregaron a cada docente los resultados individuales de su test CDE-A35, para valorar su nivel de CEmo, para que trabajase en su plan de mejora, mientras cursaban el programa. Al finalizar la intervención, cada docente tuvo que entregar un vídeo de máximo dos minutos, para explicar lo hecho durante la formación para desarrollar sus CEmo y hasta dónde había podido llegar según su auto-valoración. Para llevar a cabo este trabajo final se estimaron unas tres horas y media, además de las 12 iniciales, por un total de 15,5 horas de esta primera parte.

El programa se realizó a lo largo de tres meses, centrando su contenido principalmente en ofrecer herramientas de *coaching*, para que los docentes las pudiesen aplicar en el aula (tabla 2).

Tabla 2. 1ª parte del programa de CEd: objetivos, temáticas, contenidos, temporalización y metodología del programa

a) Objetivos de la formación: para todo el claustro de la ESO: 15,5 h

Objetivos principales:

Contextualizar *la necesidad* del cambio; definir *qué es el coaching* aplicado al *mundo de la educación*, para qué es útil, en qué momentos es bueno usarlo; profundizar en el *concepto del aprendizaje*, cómo aprendemos y del impacto del CEd sobre esto; ofrecer una clara *metodología de coaching aplicada al mundo de la educación* y al aula: modelo *SER MÁS*; profundizar en el *autoconocimiento del propio profesor*, ofrecer herramientas de coaching para la mejora profesional y personal del profesorado y aplicarlas en el aula.

Objetivos secundarios:

Potenciar una actitud positiva (dentro y fuera del aula); identificar la *dinámica del grupo clase* y *saber gestionar la diferencia* que hay entre los estudiantes; *disfrutar del trabajo en equipo*, viviéndolo como una experiencia agradable.

Bloques temáticos de cada sesión	Contenidos de cada sesión	Temporalización	Facilitadoras y metodología
1ª sesión. **Generando contexto**	-Introducción al *coaching* en educación -Inteligencia emocional y nuestras competencias emocionales -Introducción a las herramientas del *coaching* -Cómo aprende nuestro cerebro y las funciones ejecutivas -Un reto para este curso	(2 h)	Dos *coach* profesionales (la investigadora principal/autora y una segunda *coach*). La metodología utilizada durante todas las sesiones fue totalmente práctica y vivencial; alternando un breve contenido teórico con dinámicas y ejercicios prácticos que los docentes pudieran aplicar directamente en sus aulas.

Sesión	Contenido	Duración
2ª sesión. Fundamentos de coaching I: el modelo SER	-El modelo SER MÁS -Herramientas del modelo SER: conecta y sintoniza, escucha y re-encuadra	(2 h)
3ª sesión. Fundamentos de coaching II: el modelo MÁS	-Herramientas del modelo MÁS: metas, acciones y sostener	(2 h)
4ª sesión. Mejorando nuestra convivencia dentro y fuera del aula	-Necesidades de pertenencia y metas erróneas (D.P.) -Gestión del conflicto -Profesores ayudando a profesores (P.A.P.)	(2 h)
5ª sesión. Potenciando nuestros lazos	-Potenciando conexiones -Construyendo puentes entre nosotros -Cooperación y trabajo en equipo -Por dónde empezar el cambio -Compromisos y aprendizaje	(2 h)
Vídeo final de dos minutos	-Mi reto: ¿Cuál ha sido mi reto y qué he aprendido?	(3,5 h), envío previo última sesión
6ª sesión Cerrando y empezando	-Compartir nuestros principales aprendizajes -Sostenernos en el proceso -Celebrando y disfrutando	(2 h)

Fuente: Chianese, 2021

1.2. 2ª parte (b): Programa para el grupo piloto

La segunda parte (b) dio la posibilidad de aplicar la metodología del CEd en su integridad, añadiendo a la formación en herramientas de CEd, prevista para todo el claustro, un proceso de *coaching* individual, otro entre pares y un par de sesiones grupales, y al ser solo dirigido al grupo piloto, más reducido, fue más cercano y personalizado.

Vamos primero a presentar los 6 protagonistas de este grupo piloto que, como recordaremos, fueron seleccionados por la dirección pedagógica de nuestro centro, según ciertos criterios (ver tabla 6).

¿Quién eran estos 6 docentes?

Docente 1 (que llamaremos "A")

Daba clase en 1º, 2º y 3º de la ESO de dos materias distintas. "A" era un docente que llevaba poco más de un año en el centro y en el momento de realizar el programa era, además, coordinador de Matemáticas. El ED consideraba que era una persona muy discreta y estaba interesada en temas de crecimiento personal y profesional, aunque no había cursado aún ninguna formación al respecto.

Docente 2 (que llamaremos "B")

Daba también clase en 1º, 2º y 3º de la ESO de una asignatura. Profesional que el ED consideraba muy discreto y educado, también llevaba poco tiempo en el centro y estaba muy interesado en todo lo que era mejora, cambio y desarrollo personal y profesional.

Docente 3 (que llamaremos "C")

Tutor en 4º de la ESO. El ED también la consideraba una persona muy discreta; en el momento de la realización del programa, estaba realizando un doctorado y era muy sensible a todos estos temas y muy interesada en participar en la mejora del centro y su desarrollo.

Docente 4 (que llamaremos "D")

Daba clase en 4º de la ESO de una asignatura y había sido tutor de 4º. "D", aparte ser elegido en el grupo piloto por un tema de representatividad de género, desde un primer momento mostró interés por participar en el programa, y en formaciones de crecimiento personal y profesional, que ya había realizado en pasado.

Docente 5 (que llamaremos "E")

Era docente de una asignatura de 1º a 3º de la ESO, además que JE[3] de la ESO y bachillerato. Además de ser elegido por un tema de representatividad de género, formaba parte del ED y llevaba varios años trabajando en el centro. Aparte se la consideraba una persona totalmente comprometida con la escuela y con cualquier mejora que se quisiera llevar a cabo en esta.

Docente 6 (que llamaremos "F")

También formaba parte del ED, como DP[4] e impartía una asignatura en bachillerato. Además, había sido tutor de 4º de la ESO durante mucho tiempo y llevaba casi toda su carrera profesional en el mismo centro de FA. "F" fue nuestro principal interlocutor y se mostró entre los principales implicados en todo momento.

Para el desarrollo de esta segunda parte del programa intervinieron de nuevo dos profesionales del equipo, expertas en realizar procesos de *coaching* con colectivos docentes. Cada docente realizó una primera sesión de *coaching* presencial e individual, y a esta se añadieron, para mitad del grupo, tres-cuatro sesiones, con el objetivo de hacer un seguimiento del plan de acción definido durante la primera.[5]

Además de estas sesiones de *coaching* individuales con cada miembro del grupo piloto, como parte del programa integral, cada docente de este colectivo realizó tres sesiones de *coaching* entre pares (tabla 9) con otro miembro del mismo grupo, supervisadas al terminar de cada una por su *coach*, que, mediante el uso de informes de seguimiento, les dio *feedback* antes de la siguiente, para poderla preparar y, eventualmente, mejorar.

Contenido del programa de intervención de CEd dirigido solo al grupo piloto (b)

Esta segunda parte del programa consistió en 9,5 horas dirigidas por lo tanto solo a este grupo piloto de docentes, correspondiente al 25% del claustro (tabla 3).

---

[3] JE: jefe de estudios
[4] DP: dirección pedagógica
[5] Esto se pudo hacer gracias al hecho de que la investigadora principal del estudio fue la *coach* asignada para estos docentes, y al ser la responsable del programa, pudo dedicarles más tiempo, aspecto que, por otro lado, no se pudo pedir a las otras dos profesionales involucradas que, participando de manera totalmente voluntaria a la intervención, dispusieron de un tiempo más limitado.

Tabla 3. Objetivos, temáticas, contenidos, temporalización y
metodología del programa de CEd para el grupo piloto (2ª parte)

b) Objetivos de la formación / proceso de coaching individual / acompañamiento entre pares: solo para el grupo piloto: 9,5 h

Profundizar en el proceso de cambio personal mediante el *coaching; formar* para responsabilizarnos de introducir y fomentar el cambio hacia una cultura de *coaching* en educación en el centro; *generar un espacio de confianza* donde nos sintamos cómodos para aprender y compartir.

Bloques temáticos de cada sesión	Contenidos de cada sesión	Temporalización	Facilitadoras y metodología
1. Sesiones de *coaching* **individuales**	Una sesión de *coaching* individual presencial + entre una y tres sesiones de seguimiento presenciales y en línea (para mitad del grupo).	Durante 40 días, una cada 10 días aprox. (4 h+)	Dos *coach* profesionales.
2. Sesión. Creando nuestro minigrupo	• Alianza • Repaso del modelo SER MÁS • Asignación de *coach-coachee* • Mini sesiones compartidas y *feedback*.	(2 h)	La metodología utilizada durante todas las sesiones fue totalmente práctica y vivencial; se alternaron sesiones de *coaching* individuales (presenciales y en línea) con otras grupales.
3. Sesiones de coaching entre pares	• Tres mini sesiones de *coaching* entre pares y soporte presencial y en línea.	Durante un mes, una cada 10 días aprox. (1,5 h totales)	
4. Sesión. Compartiendo nuestras buenas prácticas	• Exposición de mi aprendizaje como *coach*. • Diseño de un plan de acción para transmitir una cultura de CEd en nuestro centro. • Nuestra balanza emocional. • Cerramos.	(2 h)	Cada docente del grupo piloto fue *coach* y *coachee* al mismo tiempo.

Fuente: Chianese, 2021.

El realizar un proceso individual de *coaching* con sus asistentes de manera más personalizada e individual fue una parte de gran valor para observar la percepción de cambio en los participantes sobre sus CEmo. Además, como ulterior ventaja, con respecto al resto del claustro, hubo el hecho que en las sesiones de *coaching* individuales, los *coachee*-docentes pudieron profundizar en los resultados de sus informes al test de las CEmo, mediante la ayuda de su *coach*, y enfocar con más precisión sus objetivos y plan de mejora.

Influencia de la disciplina positiva en nuestro programa de CEd

Para el diseño del programa final, a la hora de elegir las dinámicas y las prácticas en las sesiones grupales, queremos además mencionar nuestro uso de la disciplina positiva (DP), debido a la estrecha relación de su base teórica con la filosofía del CEd.

La DP se apoya en el trabajo de Alfred Adler y su alumno Rudolf Dreikurs (1897-1972), ambos psiquiatras vieneses. Adler consideraba que los niños necesitaban orden y al mismo tiempo libertad para crecer como ciudadanos responsables que contribuyesen en su comunidad. De aquí su lema *Firm & Kind* (firme y amable).

Después de los ochenta su trabajo tomó forma gracias a la labor de personas como Jane Nelson y Lynn Lott, que escribieron un manual para padres titulado precisamente *Disciplina positiva* (DP), que después de treinta y cinco años se ha difundido por EE. UU., América Latina y Europa gracias a la creación de un programa de certificación, entre los cuales uno concreto de aplicación a las aulas, que nuestro equipo tuvo la oportunidad de realizar.

Sin entrar en detalle sobre la DP (invitamos al lector si quisiera profundizar a leer Jane Nelsen, La Sala *et al.*, s. f.), consideramos que sus actividades y prácticas pueden ser de gran utilidad para los docentes a la hora de definir programa de intervención similar al nuestro.

2. Herramientas prácticas del programa de *coaching* integral en educación

Recordamos que el principal objetivo de este libro es introducir al lector al mundo del *coaching* aplicado al sector de la educación y a su uso para el desarrollo de las CEmo del profesorado, así como facilitarle herramientas para aplicarlas en el aula con su alumnado.

Por ello vamos a compartir las técnicas y herramientas que se usaron en nuestro programa, profundizando en ellas y en cómo y cuándo aplicarlas. Para ello, diferenciaremos:

- Las principales que se usaron con todo el claustro en la primera parte del programa (a): el test CDE-A35 para medir el nivel de CEmo de cada docente, algunas de las herramientas del modelo SER MAS, otras de la disciplina positiva, el árbol de los compromisos, los vídeos de aprendizaje finales y el cuestionario de satisfacción final.
- Las que se usaron solo con el grupo piloto en la segunda parte del programa (b): la rueda de la vida, la autobiografía y los informes de *coaching* entre pares.
- Además, el lector encontrará en los anexos un código de acceso a una carpeta digital para visualizar todas las otras herramientas que se usaron en la primera parte del programa (a).

2.1. Herramientas usadas con todo el claustro: Parte A del programa

El test CDE-A35 para medir el nivel de CEmo

Elegimos el modelo de CEmo del GROP de la Universidad de Barcelona (UB) (Bisquerra y Pérez-Escoda, 2007) principalmente porque resultaba ser el más reciente propuesto en España, además de estar en constante revisión, por lo tanto, validado. Aparte de esto, las CEmo se podían medir mediante una prueba que tenía doble versión, tanto en castellano como en catalán y siendo este último el idioma principal y vehicular de nuestro centro, nos pareció un aspecto importante a tener en cuenta.

Decidimos usar su última versión, correspondiente al CDE-A35 (figura 1), de 35 ítems, distribuidos entre las 5 dimensiones del modelo pentagonal de las CEmo (ver cap. 2). Este es un cuestionario de autoinforme que tiene como destinatarios adultos (mayores de 18 años) de un nivel socio-educativo medio alto. Esta prueba aporta una puntuación global de CEmo y otra para cada una de las cinco.

Otras de las ventajas de esta prueba es que tiene un enfoque muy integrador entre las dimensiones que hemos introducido en el segundo capítulo (IE, CEmo y EE), además es fácil y rápida de suministrar, pudiéndose hacer en línea cuando el participante quiere, y tiene un coste reducido.

Figura 1: Modelo de cuestionario CDE-A35: 2018 v3 del GROP

Cuestionario de Desarrollo emocional para adultos (CDE_A35)

QDE- GROP-A35

CUESTIONARIO DE DESARROLLO EMOCIONAL

El objetivo de este cuestionario es ayudarte a conocer el nivel de desarrollo de tus competencias emocionales.

A continuación encontrarás algunas afirmaciones. Lee atentamente cada frase e indica, valorando de 0 a 10, el grado de acuerdo o desacuerdo respecto de las mismas. Antes de responder, es muy importante que pienses en lo que haces y no en lo que te gustaria hacer o en lo que crees que a los otros les gustaria que hicieras. Señala con una "X" la respuesta que más se aproxime a tus preferencias.

Es muy importante que respondas con sinceridad. No hay respuestas correctas o incorrectes, ni buenas o malas.

Procura detenerte solo el tiempo suficiente en cada respuesta. Si en algun caso no estás seguro de una respuesta, escoge aquella casilla que más sea lo que haces, piensas o sientes generalmente.

Si te equivocas rodea con un círculo la X y vuelve a marcar con otra la respuesta que consideres oportuna.

Es conveniente contestar a todas las preguntas:

DNI_____ **Identificador**........................ Sexo: _____ Hombre _____ Mujer **Edad:**_____	**Nivel de estudios alcanzados:** ____ Sin estudiós ____ Estudiós básicos: certificado escolar, graduado escolar ____(ESO) Educación Secundaria Obligatoria ____ Bachillerato, BUP, COU ____ Ciclo formativo de grado medio, FP ____ Ciclo formativo de grado superior. ____ Estudios universitarios de primer cicló: Diplomatura/ingeniería o Arquitectura Técnica ____ Estudios universitairios de segundo ciclo: Licenciatura / Ingeniería o Arquitectura Técnica ____ Otras:

¿Trabajas?
____ No. ¿Estás en paro? En caso afirmativo. ¿Cuánto hace que estás desempleado?_____
____ Si. En que?...

¿Has participato anteriormente en alguna actividad (curso, taller, conferencia....) relacionada con tu desarrollo emocional?
_____ No.
_____ Si. ¿Cúal o cúales?..

INSTRUCCIONES:

Valora tu grado de acuerdo o desacuerdo con las siguientes cuestiones, marcando el número de acuerdo con la siguiente puntuación:

0.....   1.....   2....   3....   4....   5....   6....   7....   8....   9....   10
Completamente   Completamente
en desacuerdo   de acuerdo

Pérez-Escoda, N.-Alegre A.-Bisquerra, R. GROP) 16092

Uso limitado previa autorización solicitada a nperezescod@ub.edu

Reconocimiento – No Comercial- SinObraderivada (by-nc-nd): No se permite un uso comercial de la obra original ni la generación de obras derivadas.

1.Me resulta difícil relajarme	0	1	2	3	4	5	6	7	8	9	10
2. Cuando me doy cuenta de que he hecho algo mal me preocupo durante mucho tiempo	0	1	2	3	4	5	6	7	8	9	10
3. Estoy satisfecho con mi manera de afrontar la vida y ser feliz	0	1	2	3	4	5	6	7	8	9	10
4. Me siento herido fácilmente cuando los otros critican mi conducta o mi trabajo	0	1	2	3	4	5	6	7	8	9	10
5. Sé ponerme en el lugar de los otros para comprenderlos bien	0	1	2	3	4	5	6	7	8	9	10
6. Tengo la sensación de aprovechar bien mi tiempo libre	0	1	2	3	4	5	6	7	8	9	10
7. Me resulta fácil darme cuenta de cómo se sienten los otros	0	1	2	3	4	5	6	7	8	9	10
8. Conozco bien mis emociones	0	1	2	3	4	5	6	7	8	9	10
9. A menudo pienso cosas agradables sobre mí mismo	0	1	2	3	4	5	6	7	8	9	10
10. Cuando resuelvo un problema pienso cosas como: ¡Magnífico! ¡Lo he conseguido! ¡He sido capaz de...!	0	1	2	3	4	5	6	7	8	9	10
11. Sé poner nombre a las emociones que experimento	0	1	2	3	4	5	6	7	8	9	10
12. Para sentirme bien necesito que los otros vean con buenos ojos lo que digo y hago	0	1	2	3	4	5	6	7	8	9	10
13. Noto si los otros están de mal o de buen humor	0	1	2	3	4	5	6	7	8	9	10
14. Tengo a menudo peleas o conflictos con otras personas próximas a mí	0	1	2	3	4	5	6	7	8	9	10
15. Me siento una persona feliz	0	1	2	3	4	5	6	7	8	9	10
16. Hablar con otras personas poco conocidas me resulta difícil, hablo poco y siento nerviosismo	0	1	2	3	4	5	6	7	8	9	10
17. Me cuesta defender opiniones diferentes a las de las otras personas	0	1	2	3	4	5	6	7	8	9	10
18. Cuando mi estado de ánimo no es demasiado bueno intento hacer actividades que me resulten agradables	0	1	2	3	4	5	6	7	8	9	10
19. A menudo me siento triste sin saber el motivo	0	1	2	3	4	5	6	7	8	9	10
20. A menudo me dejo llevar por la rabia y actúo bruscamente	0	1	2	3	4	5	6	7	8	9	10
21. Tengo claro para qué quiero seguir viviendo	0	1	2	3	4	5	6	7	8	9	10
22. Por la noche empiezo a pensar y me cuesta mucho dormirme	0	1	2	3	4	5	6	7	8	9	10
23. Estoy descontento conmigo mismo	0	1	2	3	4	5	6	7	8	9	10
24. Hablar delante de muchas personas me resulta realmente difícil	0	1	2	3	4	5	6	7	8	9	10
25. Algunas veces me planteo seriamente si vale la pena vivir	0	1	2	3	4	5	6	7	8	9	10
26. Me bloqueo cuando tengo que resolver conflictos	0	1	2	3	4	5	6	7	8	9	10

Universitat de Barcelona

 GROP

	0	1	2	3	4	5	6	7	8	9	10
27. Me cuesta expressar sentimientos cuando hablo con mis amigos	0	1	2	3	4	5	6	7	8	9	10
28. No sé qué responder cuando me hacen un elogio o me dicen cosas agradables sobre mí	0	1	2	3	4	5	6	7	8	9	10
29. Me desanimo cuando algo me sale mal	0	1	2	3	4	5	6	7	8	9	10
30. Sé cómo generar ocasiones para experimentar emociones agradables/positives	0	1	2	3	4	5	6	7	8	9	10
31. Me pondo nervioso/a con mucha facilidad y me altero	0	1	2	3	4	5	6	7	8	9	10
32. Me resulta difícil saber cómo se sientes los otros	0	1	2	3	4	5	6	7	8	9	10
33. Puedo describir fácilmente mis sentimientos	0	1	2	3	4	5	6	7	8	9	10
34. Soy capaz de mantener el buen humor aunque hablen mal de mí	0	1	2	3	4	5	6	7	8	9	10
35. Me preocupa mucho que los otros descubran que no sé hacer alguna cosa	0	1	2	3	4	5	6	7	8	9	10

Muchas gracias por su colaboración

Fuente: GROP, Pérez-Escoda y Alegre, 2016.

Los resultados de la prueba se entregan individualmente y ayudan a tomar conciencia a cada una de sus necesidades en las cinco dimensiones y conocer su nivel de CEmo general. La prueba usa una escala Likert, con once opciones de respuesta de 0 a 10. Las puntuaciones oscilan entre 0 (ausencia de competencia percibida) y 10 (dominio absoluto de la competencia auto percibida). La puntuación global debe interpretarse como potencial de desarrollo, y se obtiene al restar la puntuación obtenida a la puntuación máxima; es decir, si una persona obtiene una puntuación total de 7, dispone de un potencial emocional para desarrollar de 3 puntos. Por eso es interesante fijarse en las dimensiones en las que el sujeto, o el grupo del que forma parte, obtiene las puntuaciones más bajas, que fueron precisamente las que miramos en nuestro caso, para acabar de diseñar el programa de intervención.

Los objetivos MARTE (del modelo SER MAS)

Según Bou (2009) en un proceso de *coaching* podemos distinguir dos tipos de objetivos: *el final*, o sea, el reto que el cliente se ha marcado como destino final de ello, y el de *proceso*, que pueden ser uno o varios y que servirán para llegar a ese propósito final, para marcar el camino y las distintas etapas que habrá que alcanzar para llegar a esta última parada del viaje. Sean del primer tipo o del segundo, estos objetivos tienen que ser medibles, alcanzables, relevantes, temporalmente acotados en el tiempo y específicos. Además, como dice Bou, tienen que ser positivos, claros, realistas, respetuosos y ecológicos, o sea, deben respetar el equilibrio de la persona y de su entorno.

Nuestro profesorado, usó este modelo (figura 2), tras obtener su puntuación en el cuestionario CDE-A35, para definir su principal objetivo a desarrollar durante el programa.

Figura 2. Un ejemplo de objetivo Marte

OBJETIVO MARTE:
"DISCUTIR MI TESIS DOCTORAL EN CIENCIAS DE LA EDUCACION ANTES DEL PRÓXIMO MARTES 21 DE DICIEMBRE DE 2021"
M edible: Haber discutido o no la tesis antes de la fecha establecida
A lcanzable: seguir mi cronograma
R elevante: Para mí, dado que quiero seguir con mi actividad de docente universitaria
T emporalmente acotado: Antes del 21/12/2021
E specíficos: Discutir mi tesis en Ciencias de la Educación con el título de...

Fuente: Chianese, 2021.

Nuevamente, esta es una herramienta muy válida y aplicable en el contexto escolar y el docente-*coach* puede ayudar al alumnado tanto en la definición de estos objetivos, como en el diseño de un plan para alcanzarlos.

Tres dinámicas para la gestión del conflicto

Otras de las herramientas que usamos en las sesiones grupales con el claustro al completo, procedente de la *Disciplina Positiva*, fueron: la dinámica del cuadro de pertenencia y las metas erróneas, la del iceberg para ayudar a entenderlo y la de los profesores ayudando a profesores.

1. La dinámica de las necesidades de pertenencia y metas erróneas

Es una dinámica que aconsejamos usar para ayudar al profesorado en la gestión del conflicto, que a menudo se produce en el aula y que no siempre resulta de fácil trato.

La consideramos una práctica reveladora a la hora de hablar de la importancia del *sentido de pertenencia* que a todos nos mueve. Todos necesitamos sentirnos parte de algo; desde que nacemos y todo lo que hacemos y lo que pensamos, está orientado a sentir que los demás nos tienen en cuenta y que formamos parte de un grupo.

Pensemos, por ejemplo, cuando nos agregan al típico grupo de *whatsapp* con la idea de organizar una fiesta sorpresa para uno de nuestros amigos. Imaginemos que empezamos a aportar ideas al grupo sobre cómo realizar la celebración, qué regalar, etc. y que nadie nos contesta. Por muy maduros y tranquilos que seamos, es probable que nos sintamos algo molestos y nos preguntaremos por qué nadie nos está contestando.

Es justamente esta sensación de sentirnos de alguna forma "invisibles" la que nos moverá, tanto a nosotros como a los niños.

Lo que pasa es que cuando aún somos pequeños, aunque ya nos damos cuenta de la importancia que tiene sentirnos parte de un grupo, interpretamos como podemos lo que recibimos del mundo exterior, y, al no tener aún un cerebro maduro, esto hace que se generen creencias incorrectas y se tomen decisiones no siempre acertadas.

Por lo tanto, al no saber cómo pertenecer en un grupo, los niños pueden desarrollar formas equivocadas de pertenencia, que más que ser malos comportamientos, son malas decisiones y son lo que en disciplina positiva se definen como *metas erróneas o equivocadas*.

La Disciplina Positiva identifica 4 metas equivocadas (tabla 4) que son comportamientos que representan la manera de los niños de decir al mundo, tanto en clase como en casa: «Yo pertenezco», «Yo importo». Si como profesores ayudamos a nuestros estudiantes a entenderlo, seguro que los mismos niños podrán encontrar mejores formas de ser parte del mundo y de la comunidad escolar.

Una vez compartido este concepto teórico, que está detrás del cuadro de las metas equivocadas, se distribuye una tabla a cada docente y se le invita a pensar en una situación concreta que tenga en clase con alguno de sus estudiantes, explorando el problema que está detrás de cada acción y a partir de allí se le invita a seguir los pasos explicados en la misma tabla (tabla 4), hasta a llegar a encontrar unas respuestas proactivas. Para ayudar a los docentes, así como a los padres y a los mismos estudiantes a entender las 4 metas, sugerimos usar la dinámica del *iceberg*, que explicamos a continuación.

2. La dinámica iceberg (complementaria a la dinámica de las metas erróneas)

Esta práctica sirve para entender mejor estas 4 metas erróneas y podemos pedir la participación del profesorado y/o de los padres en varios momentos.

Empezamos realizando una lluvia de ideas con todos los participantes, y elaboramos un listado de todos los comportamientos que preocupan al profesorado en relación con sus estudiantes. Lo mismo se puede hacer con padres y alumnado.

Luego se piden unos 5 voluntarios entre los participantes, que van a ejercer el rol de profesores y otro voluntario que representará a un estudiante que escenificará la primera meta errónea: *El llamar la atención*. Los 5 "profesores" se suben a una silla y se les contextualiza el momento en que se encuentran. Por ejemplo, se les puede decir que están a final de curso, ya cansados, con ganas de empezar las vacaciones, con las notas que entregar, y se les pide que le digan al estudiante lo que ellos sientan y quieren, probablemente exagerando cierta falta de gestión emocional. El alumno se limita a escuchar lo que le van diciendo los profesores y luego se le pregunta cómo se ha sentido, tanto a él como a los demás participantes del *role-play*, aunque no estén actuando en ese momento.

Tras esto los profesores bajan de la silla y se les entrega unas tarjetas, previamente preparadas y que corresponden a cada meta, y que tendrán que leer al estudiante cuando hayan subido de nuevo encima de la silla. Esta vez las tarjetas tendrán unas respuestas proactivas y empoderadoras para su alumnado (tabla 4). Se preguntará de nuevo a todos los estudiantes cómo se ha sentido tras recibirlas, tanto a los que participan en ese momento como a los que no.

La dinámica se repetirá de la misma forma para las otras 3 metas erróneas, pudiendo mantener el mismo profesorado y solo cambiar el estudiante que irá representando los otros comportamientos ("necesidad de poder", "necesidad de venganza" y "necesidad de dependencia"). Finalmente, se sacará el aprendizaje de todo lo que se ha observado y se reflexionará sobre cómo utilizar estas herramientas en el aula con los estudiantes.

3. La dinámica de los profesores ayudando a profesores (PAP)

Otra de las dinámicas que se realizó en el programa dirigido a todo el claustro, fue la de: *Profesores ayudando a profesores*, también procedente de la DP.

Está práctica consiste en un proceso para solucionar problemas y guía a los profesores paso a paso para que entre pares puedan resolver problemas persistentes en sus clases. Se puede hacer con todo el claustro, o bien solo con dos profesores. Para su éxito es muy importante seguir los pasos, con cierta flexibilidad y pedir a una persona que los revise y a otra que tome nota del problema en concreto (figura 4, página 96).

Esta práctica mejora la "caja de herramientas" del profesorado a la hora de encontrar respuestas eficaces; además, al terminar el proceso acaban sintiéndose alentados y fortalecidos.

Por experiencia propia sabemos que cuando se usa a nivel de claustro, como equipo, y se siguen todos los pasos, el profesorado mejora sus habilidades al entender el cuadro de las metas equivocadas (tabla 4) y les ayuda a comprender el mundo de sus estudiantes de manera más eficaz.

Disciplina Positiva en la Familia — *Lynn Lott y Jane Nelsen*

Tabla de Metas Erradas (Cómo los adultos pueden contribuir)

1	2	3	4	5	6	7	8
La meta del niño es:	Si el padre/ maestro siente:	y tiende a reaccionar	y la respuesta del niño es:	La creencia detrás del comportamiento es:	La creencia equivocada del adulto:	Mensaje codificado:	Respuestas proactivas y empoderadoras del padre/ maestro pueden ser:
Atención Indebida (Para mantener a los otros ocupados u obtener un servicio especial)	Molesto Contrariado Irritado Preocupado Culpable	Recordando. Engatusando. Haciendo cosas por el niño que podría hacer por sí mismo.	Se detiene temporalmente pero luego continúa con el mismo u otro comportamiento molesto. Se detiene cuando le dan atención personalizada.	"Cuento (pertenezco) solo cuando me notan o me dan un servicio especial." "Soy importante solo cuando te mantengo ocupado conmigo."	"Me siento culpable si no eres feliz." "Es más fácil hacer las cosas por ti que verte luchar." "No confío en que puedas manejar la decepción".	**Nótame.** **Involúcrame de forma útil.**	Redirige al involucrar al niño en una tarea útil para ganar atención útil. Di lo que tú harás: "Te amo y _____." (Ejemplo: "Te quiero y pasaré tiempo contigo más tarde.") Evita servicio especial. Dilo solo una vez y actúa. Confía en que el niño podrá manejar sus sentimientos (no arregles ni rescates). Planea tiempo especial. Involucra al niño en crear rutinas. Toca sin palabras. Usa señales no verbales. Involucra al niño en buscar soluciones durante las reuniones familiares/ de aula y uno a uno.
Poder mal enfocado (para ser el jefe)	Enojado Desafiado Amenazado Derrotado	Peleando. Cediendo. Pensando: "No te vas a salir con la tuya, aunque tenga que obligarte." Queriendo tener la razón.	Intensifica el comportamiento Desafiante. Se resigna. Siente que gana cuando el padre/maestro se molesta. Poder pasivo.	"Pertenezco solo cuando soy quien manda, estoy en control, o pruebo que nadie me puede mandar." "No me puedes obligar."	"Yo tengo el control y debes hacer lo que yo digo." "Creo que decirte qué hacer, y sermonear o castigar cuando no lo haces es la mejor manera de motivarte a superarte." "No practico la importancia de enseñarte formas de usar tu poder que puedan contribuir"	**Déjame ayudar.** **Dame opciones**	Reconoce que no lo puedes obligar a hacer algo y redirige a un poder positivo pidiendo su ayuda. Ofrece opciones limitadas. No pelees y no cedas. Retírate del conflicto. Sé amable y firme. No hables y actúa. Decide lo que tú harás. Deja que las rutinas manden. Retírate y cálmate. Desarrolla el respeto mutuo. Establece unos pocos límites razonables. Practica el seguimiento consecuente. Involucra al niño en buscar soluciones durante las reuniones familiares/ de aula y uno a uno.
Venganza (para desquitarse)	Herido Decepcionado Incrédulo Repugnado	Tomando represalias. Desquitándose Pensando: "¿Cómo puedes hacerme esto?" Tomándolo personal.	Toma represalias. Lastima a otros. Daña propiedad. Se desquita. Intensifica. Escala en su comportamiento o busca otra arma.	"Creo que no pertenezco, por lo que lastimo a los demás tanto como yo me siento herido." "No puedo ser amado ni gustar a nadie."	"Doy consejos (sin escucharte) porque creo que te estoy ayudando" "Me preocupa más lo que digan los vecinos que lo que necesitas." "Tengo que lastimarte para enseñarte a no lastimar a los demás."	**Me siento herido.** **Valida mis sentimientos.**	Valida sus sentimientos heridos (quizá tengas que adivinar) No tomes su comportamiento de forma personal. Sal del ciclo de venganza al evitar los castigos y represalias. Sugiere Tiempo fuera positivo para ambos, y luego enfócate en soluciones. Usa la escucha reflectiva. Comparte tus sentimientos con "Mensajes yo". Pide perdón y haz reparaciones o compensaciones. Alienta las fortalezas. Pon a los niños en "el mismo bote. Involúcralo en buscar soluciones uno a uno y durante las reuniones familiares/ de aula.
Insuficiencia Asumida (para darse por vencido y que lo dejen en paz)	Desesperado Desesperanzado Inútil Impotente Inadecuado	Rindiéndose. Dando haciendo. Ayudando demás. Mostrando falta de confianza.	Se retrae más. Se vuelve pasivo. No hay mejora. No hay respuesta. Evita intentar.	"Creo que no puedo pertenecer. Convenceré a los demás que no esperen nada de mí." "Estoy desvalido y soy incapaz." "No sirve intentar, pues lo haré mal."	"Espero que puedas estar a la altura de mis expectativas" "Pensé que era mi deber hacer las cosas por ti." "Da mucho miedo confiar en ti."	**No te rindas conmigo.** **Muéstrame un pequeño paso.**	Rompe la tarea en pequeños pasos. Haz la tarea sencilla hasta que el niño experimente éxito. Prepara oportunidades de éxito. Tómate tiempo para entrenar. Enseña habilidades/ muestra cómo, pero no lo hagas por él. Detén las críticas. Alienta cualquier intento positivo aunque sea pequeño. Muestra confianza en sus habilidades. Enfócate en fortalezas. No compadezcas. No te rindas. Disfruta del niño. Construye en sus intereses. Involucra al niño en buscar soluciones uno a uno y durante las reuniones familiares/ de aula.

359

www.positivediscipline.com

Fuente: Lott y Nelsen, 2013

Algunos de los consejos que sugerimos tener en cuenta a la hora de realizar esta práctica son:

- Hablar de los problemas en primera persona.
- Mantenerse en una situación específica.
- Evitar analizar y buscar culpables.
- Exagerar durante el *role-play* (escenificación) para aprender de forma divertida, y para que ayude a meterse en el papel.
- Que los *role-play* no duren más de 60 segundos.
- Que las sugerencias se anoten en la pizarra y no de digan al voluntario y asegurarse de que quien las escribe, las apunte.
- Repetir el *role-play* más veces, dado que se aprende tanto de lo que funciona, como del que no.
- Aunque en el protocolo se diga lo contrario, no hay que insistir en seguir el guion, dado que cuando se permite ser flexible se pueden descubrir otras perspectivas útiles para el voluntario.

Para profundizar en el uso de la dinámica os invitamos a leer: *Guía para líderes de disciplina positiva en la escuela y el salón de clase: recursos y actividades*, de La Sala, MCVittie y Smitha, 1997.

La dinámica del árbol de los compromisos

Durante la última sesión grupal, otra de las dinámicas que resultó ser de gran impacto, siendo además muy visual, fue la que denominamos: *el árbol de los compromisos*.

Esta consiste en dibujar en una cartulina grande un árbol, con muchas ramas que salen del tronco y colgar el dibujo en el aula para que todos los participantes lo puedan observar.

A partir de allí se lanzan una o dos preguntas al grupo que dependerán del compromiso que queremos que tomen, en línea con lo que hemos estado trabajando durante el programa o la sesión.

Luego cada participante se levanta, de uno en uno, y con sus dedos pone 2 huellas suyas en el árbol (se puede usar tinta de varios colores para que el resultado final sea más agradable y visual), como si fueran dos hojas. Al lado de cada huella se apunta el nombre, el aprendizaje que se lleva a cabo del programa y el compromiso que se quiere tomar, declarándolo en voz alta frente al grupo.

Figura 4: Paso para la dinámica de profesores ayudando a profesores

Maestros ayudando a maestros: Pasos para la solución de problemas

Maestros ayudando a maestros: Pasos para la solución de problemas

Jane Nelsen y Lynn Lott

1. Explica el proceso (solución de problemas, problema real en primera persona, juego de roles, soluciones) y pide un voluntario.

2. En un cuadro, registra el nombre del profesor, grado, número de alumnos en clase, nombre ficticio (para mantener la confidencialidad) y edad del alumno desafiante.

3. Expón el problema en un subtítulo de una línea (¿cuál sería el título?)

4. Describe la última vez que ocurrió el problema, con los detalles suficientes como para que el grupo tenga una idea de lo que pasó exactamente, tal y como si describieras el guión de una película. "¿Qué dijiste e hiciste? ¿Qué dijo e hizo el alumno? Luego, ¿qué ocurrió?"

5. Pregunta al profesor: "¿Qué estabas pensando? ¿Cómo te sentiste?" Haz referencia al Cuadro de metas equivocadas. Pregunta al grupo si alguien más se ha sentido así alguna vez.

6. Usando los sentimientos del profesor como clave, intenta adivinar la creencia detrás del comportamiento del alumno.

7. Pregunta al voluntario si está dispuesto a intentar algo más efectivo.

8. Haz el juego de roles. Invita al voluntario a hacer el papel del alumno. Pide voluntarios para las otras partes tal y como sea necesario. La representación no debe durar más de un minuto.

9. Analiza el juego de roles preguntando a cada una de las partes lo que estaban pensando, sintiendo y decidiendo(hacer) en el rol de la persona que estaban representando.

10. Pide al grupo que haga una lluvia de ideas (sin debatir o analizar) sugiriendo al voluntario lo que podría intentar. Registra todas las sugerencias. El voluntario solo escucha.

11. Pide al voluntario que escoja una sugerencia que estaría dispuesto a intentar.

12. Haz un segundo juego de roles, usando la sugerencia escogida y pidiendo al voluntario que haga el papel del rol que sea más útil (de él mismo o el alumno). Analiza los pensamientos, sentimientos y decisiones de cada una de las partes importantes, así como se hizo anteriormente. Si tienes un grupo de personas haciendo de otros alumnos, puedes preguntar lo que notaron.

13. Pide al voluntario que se comprometa a intentar la sugerencia por una semana y que reporte los resultados.

14. Pide al grupo que comparta sus apreciaciones de lo que aprendieron del proceso y del voluntario.

Fuente: Lott y Nelsen, 2013.

En nuestro caso, el objetivo fue pedir un cambio personal a cada docente para mejorar su calidad personal y profesional con acciones ejecutables, que les permitiesen salir de su zona de confort, mostrando una mayor autonomía y proactividad como docente-*coach*.

Las dos preguntas fueron las siguientes:

- *¿Qué herramienta/s te llevas de esta formación?*
- *¿Qué compromiso a partir de ahora quieres tomar para llevar a la práctica sobre lo que has aprendido en estas sesiones? O, similar ¿Por dónde quieres empezar tu cambio?*

En la figura 5 observamos como, en nuestro caso, los docentes, habían valorado aspectos como sentirse más abiertos, conectar con su positividad, juzgar menos y poder reafirmar los buenos valores de la humanidad. Finalmente, para mantener su impacto, se puede colgar el árbol en la sala del profesorado a la vista de todos, como recordatorio del programa realizado y de los compromisos tomados.

Figura 5. Ejemplo del árbol de compromisos de los pequeños cambios

Fuente: Chianese, 2021

97

Los vídeos de aprendizaje finales

Como ya avanzado, para cerrar el programa formativo con todo el claustro docente se les pidió grabar un vídeo de aprendizaje de dos minutos a cada uno, a entregar antes de la última sesión. En todo momento fueron conocedores de que tenían que realizar esta tarea y se les fue recordando a lo largo del programa, con instrucciones concretas.

Instrucciones para realizar el vídeo final de aprendizaje
Actividad: *vídeo de dos minutos máximo*
Contenido: ¿Cuál ha sido mi reto y qué he aprendido?
Plazo: antes del xxxx
Subir a la carpeta de Google Drive (si queréis compartirlo con todo el grupo) o enviar por Drive o WeTransfer a xxxx (formadora/coach) si se quiere mantener la confidencialidad.
- *Algunas ideas para el vídeo:*
- *Haber puesto en práctica una herramienta o dinámica de la formación (a vuestra elección) y contar cómo os ha ido.*
- *Haber profundizado en una competencia emocional que os había salido en el test inicial como aspecto de mejora y explicarlo.*
- *Haber realizado un proceso o unas sesiones de coaching con alguien (compañero, alumno, familia…) y contar vuestras impresiones.*
- *Enseñar qué ha pasado con vuestra planta[6].*

Los participantes tuvieron la opción de compartirlo con el resto de docentes y con las formadoras en una carpeta común, en línea, que además incluía toda la bibliografía y la documentación del programa; o bien, enviarlo, de manera privada, solo a las formadoras. Cada docente recibió *feedback* escrito e individual sobre ello. Queremos destacar algunos datos, como que el 95% del claustro realizó el vídeo, dando prueba del alto nivel de compromiso que se generó con el programa. En todos ellos se ponía de manifiesto la utilidad del programa para cumplir con los objetivos individuales de cada docente en cuanto a su gestión emocional, o a la hora de aprender herramientas prácticas para el aula o para su vida, en general.

Muy interesante también tanto la presencia de la música en la mayoría de estos videos, que nos pareció estar muy vinculada con la

---

[6] Durante la primera sesión de formación grupal se regaló a cada participante una plantita, como metáfora de un estudiante, que solo podremos acompañar bien si lo conocemos, saber qué necesidades tiene y qué aspectos le diferencian del resto de compañeros; así mismo, no podemos descuidar cómo cuidar de la planta.

expresión de las emociones (Campayo y Cabedo, 2016), así como el uso de la imaginación que cada docente expresó a la hora de realizar y representar el vídeo. Consideramos que todos estos elementos de deberían tener en cuenta en futuros programas futuros.

Los cuestionarios de satisfacción

Una vez finalizado el programa, es fundamental realizar su valoración. En nuestro caso se pasó un cuestionario de satisfacción (se suministró tanto en formato en línea como en papel), con el objetivo de valorar si se cumplieron los objetivos/expectativas iniciales, así como, para valorar qué mantener, qué modificar y qué añadir de cara a futuras ediciones del programa.

Se pueden usar cuestionarios ya creados o diseñar herramientas *ad hoc*, como fue en nuestro caso, que contenían dos grandes apartados (figura 6): un formato de preguntas cuantitativas (la mayoría) y otro más cualitativas (las 3 últimas).

Figura 6. Modelo de cuestionario de satisfacción

Curso: Formadora: Nombre y apellidos del participante (campo no obligatorio)					Fecha: Lugar:
Preguntas	Valoración				Comentarios
1. El curso ha estado bien organizado (información, cumplimiento de fechas y horarios, entrega de material…).	1 (muy insatis-fecho)	2	3	4 (muy satisfe-cho)	
2. Los temas tratados responden a los objetivos del curso.	1 (muy insatis-fecho)	2	3	4 (muy satisfe-cho)	
3. El desarrollo del temario se ha adecuado a los que esperabas.	1 (muy insatis-fecho)	2	3	4 (muy satisfe-cho)	
4. Ha habido una combinación adecuada de teoría y aplicación práctica.	1 (muy insatis-fecho)	2	3	4 (muy satisfe-cho)	
5. La formadora domina la materia impartida.	1 (muy insatis-fecho)	2	3	4 (muy satisfe-cho)	

⟶

6. La formadora facilita la asimilación de conocimientos (pone ejemplos, reformula…).	1 (muy insatisfecho)	2	3	4 (muy satisfecho)	
7. La formadora interactúa fácilmente con el grupo.	1 (muy insatisfecho)	2	3	4 (muy satisfecho)	
8. La formadora trasmite los contenidos de manera clara y adecuada.	1 (muy insatisfecho)	2	3	4 (muy satisfecho)	
9. Se ha generado un clima en el aula que permitía y animaba a participar.	1 (muy insatisfecho)	2	3	4 (muy satisfecho)	
10. Se ha generado un ritmo de la clase que estimulaba el interés y la reflexión sobre el tema tratado.	1 (muy insatisfecho)	2	3	4 (muy satisfecho)	
11. El curso te ha permitido mejorar tus conocimientos y habilidades personales y profesionales.	1 (muy insatisfecho)	2	3	4 (muy satisfecho)	
12. La asistencia al curso va a repercutir en tus aptitudes personales y profesionales.	1 (muy insatisfecho)	2	3	4 (muy satisfecho)	
13. Consideras aplicable su contenido en tu ámbito personal y profesional.	1 (muy insatisfecho)	2	3	4 (muy satisfecho)	
14. Valora tu grado de satisfacción global sobre este curso.	1 (muy insatisfecho)	2	3	4 (muy satisfecho)	
15. ¿Qué aspectos valoras más positivamente?					
16. ¿Qué aspectos mejorarías?					
17. Alguna sugerencia más					
Muchas gracias por tu colaboración					

Fuente: Chianese, 2021.

Si al lector le interesara explorar otras de las herramientas usadas en esta primera parte del programa, le invitamos a ir al *link* que encontrará en los anexos finales (código QR2: otras herramientas del programa de *coaching* integral), donde accederá a varias dinámicas, como la de "Elogiar y motivar", "Los cambios de creencias", "El mapa de obstáculo y oportunidad", "El cerebro en la palma de una mano" de

Siegel, "La lista a futuro" o la de "La jungla". Todas explicadas paso a paso para que se puedan reproducir en el aula.

2.2. Herramientas usadas con el grupo piloto: Parte B del programa

Antes de realizar la primera sesión de *coaching* individual, cada docente del grupo piloto tuvo que entregar a su *coach* los siguientes ejercicios:

- La rueda de la vida.
- La autobiografía.

La rueda de la vida fue suministrada dos veces (pre y post): al empezar y al finalizar la parte B del programa. La autobiografía, en cambio, solo una, antes de empezar el proceso de *coaching* individual.

La otra herramienta que se usó en esta parte del programa fue el informe de *coaching* redactado por los docentes-*coach* al finalizar su proceso de *coaching* entre pares, para identificar puntos fuertes y posibles área de mejora de cara a su continuidad.

La rueda de la vida

En cuanto a La rueda de la vida, la primera se envió por correo electrónico a todo el grupo piloto de docentes-*coachees*, acompañado de unas instrucciones claras:

Instrucciones para realizar el ejercicio de la rueda de la vida

Actividad 1. La rueda de la vida: realizar antes de la primera sesión de coaching presencial. Habrás recibido un archivo aparte, solo se trata de seguir las instrucciones indicadas y realizar el ejercicio que llevarás impreso a la primera sesión con tu coach (no hace falta de que lo envíes previamente).

La segunda, en cambio, fue suministrada en papel durante la última sesión grupal con el piloto, con la idea de cumplimentarla al momento.

La rueda de la vida, como he mencionado en el primer capítulo, es una de las herramientas externas usadas en el *coaching* y suele utilizarse para evaluar el punto de partida del cliente y su percepción de equilibrio vital dentro de una serie de dimensiones que corresponden a las áreas principales de su vida (ver ejemplo figura 7). El *coachee* tiene que asignar una puntuación de cero, en el centro de la rueda, a diez, hacia el círculo exterior e indicar cuál es la puntuación ideal, según su nivel de satisfacción por cada dimensión. El perímetro del círculo dibujado representa su rueda de la vida y, si fuera una rueda real, habría que ver cómo rodaría tras ser cumplimentada.

Esta es una herramienta particularmente interesante en el contexto educativo, y se puede adaptar a la realidad del alumnado. Por ejemplo, con los estudiantes se puede usar una adaptación de ella: la rueda académica y revisarla cada mes conjuntamente para detectar qué es lo que más le preocupa. El objetivo no es tener el 100% de satisfacción en todas las áreas, se trata más bien de centrarse en aquellos ámbitos en los que el alumnado desea mejorar su nivel de satisfacción y empezar y a pensar en lo que puede hacer al respecto (figura 8).

Figura 7. Ejemplo de un ejercicio de la rueda de la vida cumplimentado

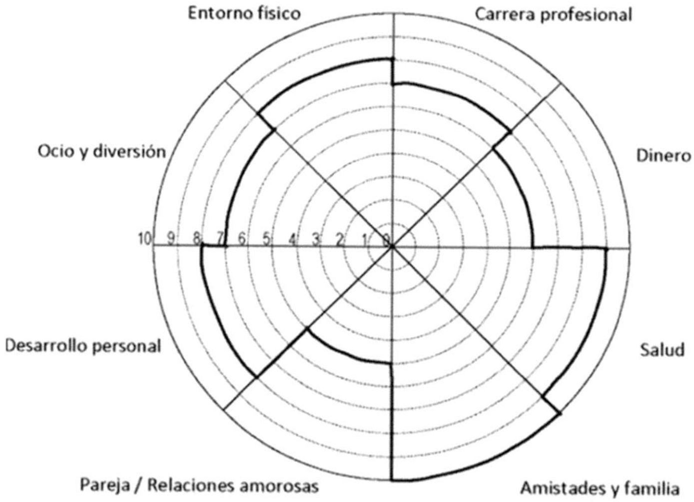

Fuente: Chianese, 2021.

Realizar este ejercicio al principio de su proceso de *coaching* puede resultar de gran ayuda para el docente-*coachee*, para centrar su objetivo de trabajo, definir su plan de acción y, además, generar un cierto entorno de confianza entre *coach* y *coachee*.

Figura 8. Ejemplo de un ejercicio de rueda académica

RUEDA ACADÉMICA

■ 1. AMBIENTE DE ESTUDIO   ■ 2. AGENDA Y MATERIAL ESCOLAR
■ 3. TIEMPO DEDICACIÓN ESTUDIO ● 4. TÉCNICAS DE ESTUDIO
■ 5. MOTIVACIÓN INTRÍNSECA   ■ 6. APOYO EXTERNO

Fuente: Chianese, 2021.

Al mismo tiempo, volver a realizar el ejercicio, una vez terminado el proceso, les ayuda a tomar consciencia de sus avances, aunque el punto de partida ya sea satisfactorio, tal y como pasó a los docentes de nuestro caso, que antes de realizar el programa ya mostraron una relativa satisfacción en los distintos ámbitos de sus ruedas y al terminarlo, identificaron en seguida dónde habían mejorado, muy en consonancia con sus objetivos iniciales.

La autobiografía

También en el caso de la autobiografía se dieron instrucciones claras explicando en qué consistía y cómo se tenía que realizar:

Instrucciones para realizar la autobiografía

Actividad 2. Autobiografía: realizar antes de la primera sesión de coaching y reenviar a la coach como mínimo unos dos/tres días antes de esta.

¿Qué es?: Es una memoria de tu historia personal y ayuda a reconocer temas, ideas, patrones comunes en tu vida, así como a identificar lo que te resulta más importante. Es una herramienta de reflexión y crecimiento personal.

¿Cómo se hace?: Escribe una autobiografía de la manera que te resulte más cómoda. Que no ocupe más de dos o tres páginas. Incluye lo más importante de tu vida y los contenidos que te gustaría compartir.

Recuerda que no es un currículum, es un relato y, como una novela, podría tener un carácter dramático, cómico, tragicómico.

¿Para qué nos sirve?: Veremos la relación entre el resultado de tus acciones y tu forma de pensar. A veces podrás comprobar que algunos temas aparentemente importantes luego son pocos significativos o al revés.

Se trata de otra herramienta de reflexión y de crecimiento personal que consiste en una memoria de los momentos más importantes de la historia personal de quien la redacta y las emociones experimentadas cuando los vivenció. Se hace con la idea de ayudar a reconocer temas, ideas, patrones comunes en su vida y de identificar lo que le resulte más importante. Tiene que ser un relato corto, que no ocupe más de dos o tres folios. Su objetivo es reflexionar sobre la relación entre el resultado de las acciones del *coachee* y su forma de pensar para identificar creencias, tanto potenciadoras como limitantes, y ayudarlo a solucionar situaciones que no ha sabido cómo tratar o a descubrir formas de comportarse en el pasado que le hayan servido y se puedan volver a usar, etc. Es otra herramienta muy interesante en el contexto educativo para ayudar al alumnado a concienciarse, tener una visión de su realidad desde otra perspectiva y buscar recursos para solventar situaciones.

Aunque es evidente que cada persona utiliza su forma personal de desarrollar el ejercicio, es posible identificar unos patrones y puntos comunes que se repiten en las autobiografías. En nuestro caso, por ejemplo, vimos que en las historias salían elementos referentes a las orígenes y tradiciones de la persona en su infancia o en su adolescencia, a los primeros cambios, a la universidad y el descubrimiento de sus pasiones, a la etapa laboral y al primer empleo, a la edad adulta, a las relaciones con la familia y las amistades y a las personas que habían sido referentes en sus vidas.

En general lo consideramos un ejercicio muy valioso para ayudar al docente a identificar sus *valores,* que le han marcado y que les siguen guiando en su ámbito personal y profesional, así como los patrones de comportamiento que le han funcionado o le gustaría corregir. El lector encontrará un ejemplo real de esta herramienta en los anexos, accediendo al código QR2.

Los informes de coaching

Cada docente del grupo piloto hizo de *coach* a otro compañero del mismo equipo, asignado aleatoriamente durante la primera sesión grupal de la parte B del programa (*coaching* entre pares). Todos hicieron mínimo una mini-sesión, de media hora y a su término, redactaron un informe siguiendo un determinado modelo (figura 9).

Como en el caso del ejercicio de la autobiografía, cada persona redactó el informe siguiendo su criterio personal, aunque fue posible identificar unos puntos comunes en todos ellos, que son los temas que en estos casos aconsejamos explorar en este tipo de sesiones: la *vivencia actual* (entendida como el punto de partida del *coachee* en el momento de empezar el proceso); la *situación deseada* (entendida como el punto de llegada del *coachee*, donde quiere llegar con su reto); las *herramientas de coaching o competencias* utilizadas para ayudar al *coachee* a alcanzar su reto; el *compromiso del coachee y del coach* para lograr su objetivo; el *seguimiento* (entendido como el apoyo al *coachee* en el logro de su objetivo, estando presente y acompañándole) y, finalmente, *los logros y dificultades del coach* (entendidos como lo que el docente considera, por un lado, haber conseguido en su rol de *coach* y, por otro, lo que aún necesita entrenar y potenciar). Ver un ejemplo real de un informe cumplimentado en los anexos (código QR2).

Figura 9: Modelo para el informe de un docente-*coach*

INFORME DEL ALUMN@
SEGUIMIENTO SESIONES DE COACHING

Alumno/a	
Coachee	
Sesión nº	
Fecha	
Supervisor	

1.Resumen general de la sesión, "dónde está y dónde quiere llegar la coachee".

   Dónde está el coachee: Situación Actual.

   Dónde quiere llegar el coachee: Reto.

2.Herramientas de coaching usadas en la sesión

3. ¿He conseguido sintonizar? (¿Cómo y cuándo?)

4 .¿He conseguido empatizar y escucharle? ¿Qué me ha faltado?

5. ¿He conseguido que llegará a reencuadrar su punto de partida? (CAMBIO DE OBSERVADOR ¿Cómo y cuándo?)

6   Compromisos adquiridos:

   6.1 Compromisos del coachee
   6.2 Compromisos adquiridos del Coach

7. ¿Le he dado feedback? (¿Cuándo y como?)

MI PAPEL COMO COACH

8.¿Qué he logrado en esta sesión?

9.¿Qué dificultades he tenido?

10.¿Sobre qué conversaría en la próxima sesión?

11.Puntos a indagar en la siguiente sesión ¿Qué interpreto que le falta al Coachee?

12.¿Qué competencias creo que me están faltando a mí? Mis percepciones personales como
   Coach para mejorar en la siguiente sesión

Fuente: Chianese, 2021.

12.Feedback del Coachee

En conclusión, este tipo de informe es de gran ayuda para el *coach*, tanto para identificar lo logrado en la sesión y lo que le falta potenciar o explorar, para así enfocar mejor las siguientes, como para mostrar al *coachee* sus fortalezas y progresos en el logro de sus objetivos.

Finalmente, estas sesiones y la redacción de sus informes ayudan a practicar varias de las competencias de un *coach*, sobre todo, a concretar más el objetivo, escuchar y empatizar y a tomar consciencia de que tienen que mejorar.

CAPÍTULO 6

¿QUÉ FUNCIONÓ EN NUESTRO PROGRAMA DE INTERVENCIÓN INTEGRAL DE COACHING EN EDUCACIÓN?

1. ¿Qué elementos valoraron los protagonistas de nuestra historia?

Al terminar un programa como el nuestro, es fundamental dedicar un tiempo a su valoración. Esta, en primer lugar, nos facilita saber si se han cumplido los objetivos iniciales del programa y si se han generado el cambio y la mejora deseados inicialmente, y, en segundo lugar, sobre todo cuando se trata de una primera edición, nos permite conocer cuáles son los aspectos más valorados, para mantenerlos de cara a futuras ediciones. Al mismo tiempo hay que identificar los aspectos que necesitan un cambio o que directamente no han funcionado, para modificarlos, sustituirlos o eliminarlos a la hora de repetir y dar continuidad al programa.

Vamos, por lo tanto, a describir como realizar este proceso, teniendo en cuenta cómo se hizo con nuestro caso.

Para la valoración final de nuestra historia utilizamos tanto herramientas de carácter más *cuantitativas*, entendiendo con este último concepto técnicas más basadas en recopilar datos numéricos, como por ejemplo las estadísticas que extrapolamos tras el uso del cuestionario CDE-A35 para medir los niveles de CEmo del claustro, así como herramientas de carácter más bien *cualitativo*. Con este último término nos referimos a técnicas que están basadas en recopilar datos no numéricos, comprendiendo lo que se observa mediante la recolección de elementos más bien narrativos, como pudimos hacer usando las entrevistas individuales y grupales, ya mencionadas en el cuarto capitulo.

Resultados cuantitativos del uso del Cuestionario CDE-A35

Una vez terminada la primera parte del programa, como sabemos, se volvieron a medir los niveles de CEmo, mediante el uso del cuestionario CDE-A35, a todo el claustro de secundaria que había participado en ello (fase post-test) y se devolvieron los resultados a nivel individual.

Sin entrar en los detalles más técnicos de estos resultados, sí nos parece interesante mencionar que en este nuevo testeo se observó sobre todo una mejora en la CEmo de la *Autonomía Emocional* (AE), que era precisamente la competencia que, cuando se midieron antes de realizar el programa (fase pre-test), había salido más baja. La mejora era de más de un punto en la media del post-test (5,68) con respecto a la del pre-test (4,67) y, además en general, en casi todas las CEmo del post, observamos una ligera mejora en positivo una vez finalizada nuestra intervención (tabla 1).

Por lo tanto, como conclusión de esta parte cuantitativa, se observó un incremento tanto en el total como en la media general de cada una de las CEmo, aspecto que hizo intuir el buen funcionamiento del programa y que fue además confirmado por los resultados cualitativos, que ahora comentaremos con más detalle, diferenciándolos según las herramientas usadas.

Tabla 1. Resultados estadísticos comparando el pre y el post de la medición de las CEmo del claustro FA mediante el test CDE-A35

	PRE (MEAN-SD)	POST (MEAN-SD)	VALOR-P (d-Cohen)
Consciencia emocional (CE)	7,69 (1,07)	7,67 (0,84)	0,927 (-0,02)
Regulación emocional (RE)	6,73 (1,19)	6,97 (1,35)	0,344 (0,19)
Autonomía emocional (AE)	4,67 (1,63)	5,68 (1,21)	**0,068 (0,49)**
Competencias sociales (CS)	6,49 (1,68)	6,53 (1,76)	0,556 (0,02)
Competencias de la vida (CV)	7,91 (0,84)	8,07 (0,95)	0,327 (0,18)
Total (CEmo)	6,88 (0,87)	7,1 (0,82)	0,327 **(0,25)**

Fuente: Chianese, 2021.

Resultados mixtos del cuestionario de satisfacción

Los resultados del cuestionario de satisfacción (ver capítulo 5), en parte cuantitativos y, en las últimas tres preguntas, cualitativos (por ello definidos como mixtos) fueron realmente muy positivos, dado que en todas las preguntas se obtuvo como mínimo un 75% de respuestas donde los asistentes estuvieron muy satisfechos con los factores que se habían medido, en la mayoría de casos superiores a un 85% y, en varios casos, se llegó hasta el 90-100% de la máxima puntuación. Cabe destacar la última pregunta cerrada, referente a la satisfacción global sobre el programa, que obtuvo en el 90% de respuestas la máxima puntuación, siendo un 4/4 (gráfica 1).

Grafica 1. Valora su grado de satisfacción global sobre este curso

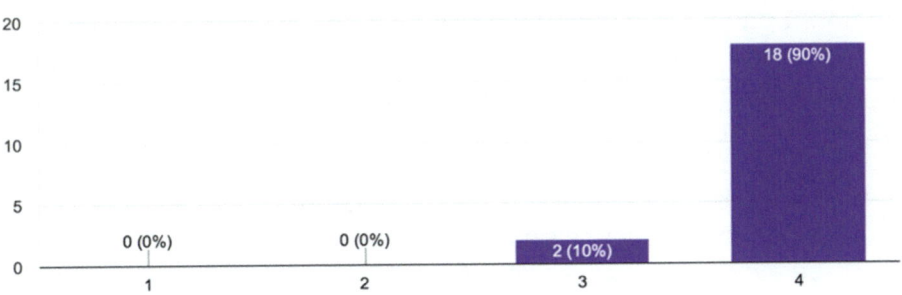

Fuente: Chianese, 2021.

En cuanto a la parte más cualitativa, en la pregunta 15, se preguntaba por los *aspectos positivos del programa más valorados*, y aquí algunos de los temas que pudimos destacar con más frecuencia:

- El dinamismo de la formación y de las facilitadoras, su entusiasmo y energía a la hora de impartir las sesiones.
- La practicidad de las clases y las herramientas quo co oompartieron.

En la pregunta 16, donde se exploraron *los principales aspectos de mejora,* todas las respuestas hicieron referencia a lo siguiente:

- La corta duración del programa.
- La necesidad de más sesiones.

Por último, en la pregunta 17, sobre *otros aspectos que pudieran destacarse*, los participantes hicieron referencia justo a dar continuidad al programa, realizando un acompañamiento trimestral y ampliando la duración en horas de la formación.

Una vez terminado el programa, se volvieron a entrevistar a nivel individual tanto los docentes del grupo piloto, que lo habían realizado en su integridad, así como los miembros del equipo directivo, que habían ayudado a detectar las necesidades del centro (ver capítulo 4).

Destacamos que todos los miembros del grupo piloto valoraron de forma muy satisfactoria ambas partes del programa y manifestaron sus ganas de darle continuidad. Además, también se volvieron a entrevistar en grupo tanto a algunos de los docentes que habían realizado solo la primera parte como a algunos estudiantes y a ciertas familias.

Aplicando un análisis temático[1] de estas entrevistas, se identificaron estos *siete* grandes temas percibidos como *los grandes cambios tras la intervención de CEd*:

1. La *mejora de las CEmo de los docentes* (este se observó en todos los colectivos entrevistados).
2. La *evaluación positiva de la formación* (lo destacó el profesorado).
3. La mejora de la *gestión del aula del docente* (lo destacó el alumnado).
4. La mejora en la *motivación y la participación en el aula de los estudiantes* (lo destacó el alumnado).
5. Los *facilitadores del cambio: utilidades y fortalezas* (se observó de forma distinta en todos los colectivos).
6. Las *dificultades para el cambio* (se observó de forma distinta en todos los colectivos).
7. La *continuidad y las oportunidades* para el programa (se observó de forma distinta en todos los colectivos). Este tema será tratado en el último capítulo.

Vamos ahora a definir cada uno de estos grandes temas, a su vez divididos en categorías, y para una mayor comprensión, nos apoyaremos en el uso de algún *ejemplo concreto de la narrativa* de sus autores, diferenciándolos según el colectivo donde se observaron (figura 1). No todos los temas se identificaron en todos los colectivos. Para más ejemplos remitimos el lector al link del trabajo de investigación completo[2].

---

[1] El análisis temático es un método de análisis de datos cualitativos que consiste en identificar, analizar e interpretar patrones de significado o "temas" que se repiten en estos datos.

[2] https://www.tdx.cat/handle/10803/673242

Figura 1: Mapa de dimensiones y categorías finales tras terminar el programa de CEd

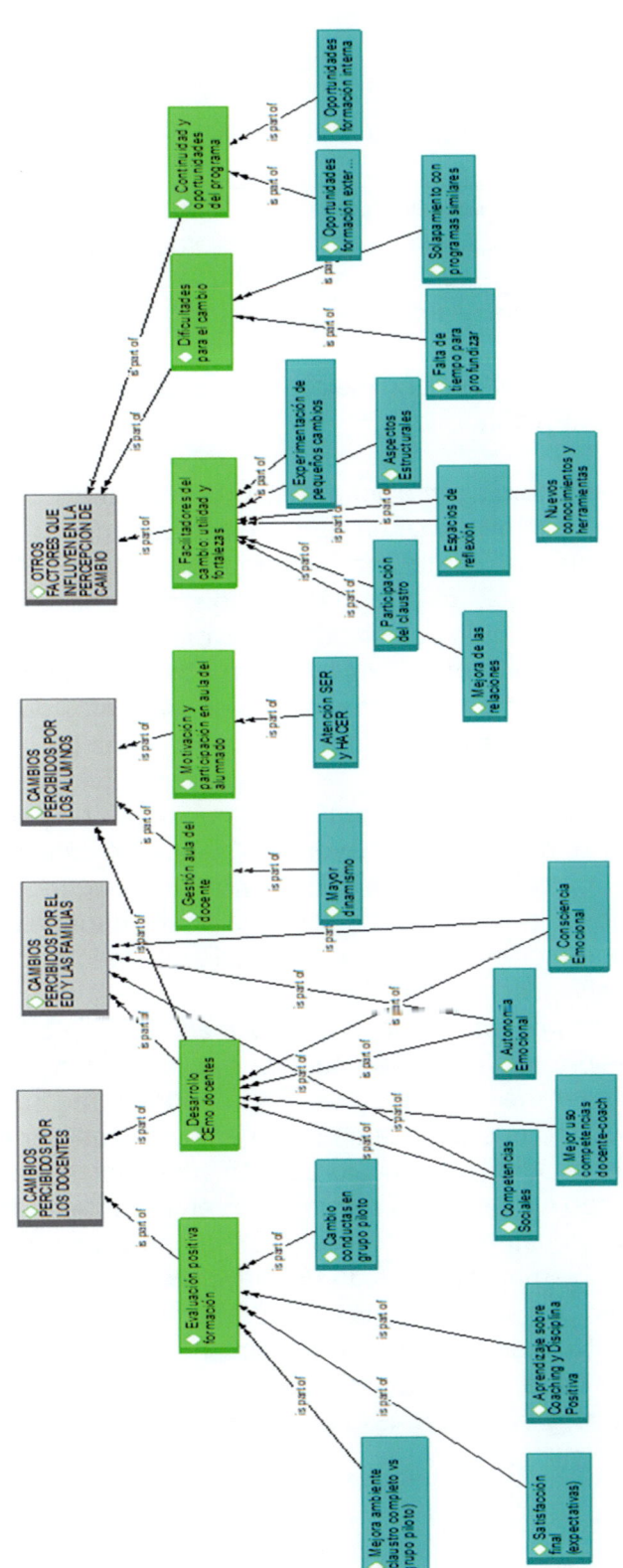

Chianese, 2021 (mediante uso del ATLAS.ti, versión 8.4.4).

111

A. Cambios percibidos por los docentes

Tema 1: Mejora de las CEmo de los docentes

> Entendido como: *"La percepción de desarrollo de sus CEmo por parte de los docentes. La sensación del profesorado de haber mejorado en cada una de sus CEmo y en el uso de sus competencias como coach tras haber participado a una intervención de CEd"*.

En general, se observó una mejora de la percepción de sus 5 CEmo en los docentes. En concreto:

- En la *autonomía emocional* (AE), la más mencionada por el claustro, se observó en la mayoría de casos una mayor autoestima, así como una mayor capacidad de automotivarse, más autonomía, más capacidad de resiliencia frente a las adversidades, más delegación y mayor toma de decisiones.
- En la *regulación emocional* (RE) se observó una mejora sobre todo en cuanto a la importancia de pensar antes de actuar y en el uso de más silencios frente a las actitudes percibidas como negativas.
- En la *consciencia emocional* (CE), más que una percepción de mejora, se observó una mayor consciencia de que era necesario realizar un cambio en sus CEmo y, aunque algunos profesores comentaron no haber podido llevarlo a cabo durante el desarrollo del programa de CEd, sí que les había ayudado a concienciarse de la necesidad de hacerlo.
- En las *competencias de la vida y bienestar* (CVB) se observó una mejora sobre todo en cuanto a la necesidad de cuidarse y de disfrutar más de las cosas. Es importante recordar que esta fue la CEmo que precisamente ya antes de realizar la intervención había obtenido los valores más altos, por lo que el cambio observado no fue tan evidente como en las anteriores.
- En las *competencias sociales* (CS), donde varios de los docentes percibieron haber tenido un mayor cambio, junto con la AE, se observó el atreverse más a dar *feedback* sobre lo que pensaban, tanto positivo como de crecimiento, el realizar una mayor práctica de la escucha empática con los compañeros y con el alumnado, y el estar más atentos a prevenir y solucionar conflictos.

Profesorado (entrevista individual a un miembro del grupo piloto)

> *Yo he observado un cambio, en la competencia social, en la capacidad de gestionar situaciones emocionales y la prevención y solución de conflictos. Veo que aquí, pues he hecho un avance. De entenderme y entender. Que era la que en mi caso salía más baja y la que a nivel de trabajo personal es la que más he querido trabajar.*

Con respecto a las competencias sociales, observamos una percepción de cambio especialmente en la manera de relacionarse con el otro:

- por una parte, de los docentes entre ellos;
- por otra, del profesorado con el alumnado.

En el primer caso: *la manera de relacionarse de los profesores entre ellos*, se identificó que este cambio era principalmente de tres tipos:

1. *En el modo de mirar al otro*, desde una perspectiva más positiva, ecuánime, más libre de prejuicios ("no juzgar"). Esta escucha generosa y esta mirada "empática" son las que menciona Blanco (2020) y que facilitan un ambiente necesario de confianza y de buena comunicación para el desarrollo personal y colectivo.
2. En *el comportamiento del otro*, a quien se veía como más abierto, relajado y cercano. Cabe destacar que se observó, sobre todo, en los miembros del grupo piloto que habían podido trabajar con mayor profundidad en sus cambios, como en el caso descrito a continuación, donde una docente del claustro habla de "A", una de los componentes del grupo reducido:

Profesorado (entrevista grupal docentes)

> *Yo creo que la conozco poco, pero, sí que es verdad que en algo sí que la he visto diferente… normalmente es una persona más bien cerrada y que le cuesta más abrirse… y si, algo diferente ahora está, hacía a mí y a lo mejor de cara incluso a los alumnos… incluso también a otras personas, creo y pienso que es verdad… yo la veo…más relajada y mejor… sí.*

3. Se percibió una *mayor consciencia de necesitar un cambio* hasta de parte de docentes que reconocieron no haber tenido tiempo para poner en marcha un plan como tal, y el participar al programa les había puesto de manifiesto esta necesidad.

En el segundo caso, *el de los profesores hacia el alumnado*, en general consideraron haber mejorado su manera de relacionarse con los estudiantes, tanto con el desarrollo de sus CEmo como mediante la *puesta en práctica de las mismas competencias de un coach*, que se habían trabajado con todo el claustro en la primera parte del programa. Entre estas, las que destacaron más fueron:

- Una mayor escucha empática.
- Dar y recibir *feedback*.
- No juzgar.
- Saber decir que no.
- Fomentar la autonomía del alumnado.
- Distinguir un aliento de un elogio.
- Las preguntas poderosas.
- Las metas erróneas.

La práctica en sí misma de estas competencias influyó en la percepción de desarrollo de las CEmo docente.

Tema 2: Evaluación positiva de la formación

Entendido como: Una valoración satisfactoria de la interven-ción realizada, gracias a la percepción de varios beneficios aportados por esta, como, por ejemplo, el aprendizaje de nuevos contenidos, la mejora del ambiente en el claustro y el cambio observado en el comportamiento de ciertos docentes.

En este segundo tema encontramos que confluyeron los cuatro niveles de evaluación de una acción formativa citados en Kirpatrick y Kirpatrick (2006), todos valorados de manera muy positiva (cuatro categorías):

1ª CATEGORÍA

La satisfacción final hacía la intervención (el cumplimiento de las expectativas iniciales)

Se observó que las expectativas iniciales de todos los implicados habían sido superadas, y la intervención había sido mucho mejor de lo que esperaban inicialmente. El programa fue percibido como participativo, aspecto de lo más valorado y citado por la mayoría de los docentes y que, ya de entrada, gran parte de ellos, tenían un interés elevado por la formación.

Profesorado (entrevista grupal a los docentes)

> *Yo creo que hacía tiempo que no hacíamos una formación en la que todo el mundo se sintiera a gusto y que quisiera compartir y participar. Yo hacía tiempo que no veía a mis compañeros, a algunos de ellos, entrar en las dinámicas con tanta facilidad, entonces, yo creo que en esto ha estado muy bien.*

Consideramos que fue clave esta percepción de participación para motivar i empujar al cambio.

2ª CATEGORÍA

El aprendizaje sobre el *coaching* y la disciplina positiva

Entendiendo *el aprendizaje* como el nivel de conocimiento del claustro sobre la temática del programa, se observó que había mejorado sobre todo en dos aspectos:

1. Conocer un modelo de *coaching* como el que se propuso (SER MÁS, Valderrama, 2015) con mayor profundidad. En concreto se citaron herramientas de este modelo que habían sido trabajadas, como las preguntas, la empatía, ponerse metas, mejorar el propio autoconocimiento, saber reencuadrar a los otros (ver capítulo 1).
2. Conocer los conceptos propios de la disciplina positiva (Nelsen *et al.*, 2013). *El profesorado citó sobre todo el modelo de las metas erróneas y la* dinámica de profesores ayudando a profesores (PAP) (ver capítulo 5).

3ª CATEGORÍA

La transferencia y aplicación de los nuevos conocimientos, habilidades y actitudes al puesto de trabajo, en este caso se destacó en concreto la mejora del ambiente.

El profesorado describió el ambiente como más participativo y dinámico respecto al percibido en otros programas anteriores. Sobre todo, la sensación del grupo piloto fue la de haber generado entre ellos un ambiente de mayor confianza con respecto al del claustro entero, igualmente positivo. Esto se relacionó con el hecho de ser menos, aspecto que facilitó sentirse más cómodos a la hora de participar y abrirse entre ellos, mostrándose más tal y como eran, en su vulnerabilidad.

El resultado: en este caso se destacó el cambio de conducta en el grupo piloto

Sobre todo, se identificó un cambio de conducta muy positivo observado en algunos compañeros del grupo piloto, que habían trabajado con más tiempo y profundidad, gracias al programa integral de CEd, observando una clara diferencia entre ellos y los que solo habían participado en su primera parte.

Un aspecto que sin duda había facilitado este cambio, y se había encontrado en todos los miembros del grupo piloto, fue el interés genuino de querer trabajar en profundidad a nivel personal su mejor autoconocimiento y autodesarrollo.

B. CAMBIOS PERCIBIDOS POR EL ALUMNADO

Tema 1: Mejora de las CEmo de sus docentes

En cuanto al alumnado, la percepción de cambio en sus docentes fue mucho más leve respecto a la experimentada por el profesorado y fue además observada solo en algunos estudiantes de manera puntual. En esto, en primer lugar, pareció influir el hecho de haber sido informados previamente sobre la realización del programa de CEd por parte del mismo claustro. Este aspecto generó una mayor sensibilidad del alumnado para percibir los cambios en sus docentes.

Por ejemplo, el hecho que en algunos casos el mismo alumnado hubiese participado en la realización de los vídeos de aprendizaje finales del profesorado de manera directa, o indirecta, editándolos, fue bastante determinante. Como ejemplo de esto, el caso de una profesora del grupo piloto que desde el primer momento involucró a sus estudiantes en su plan de mejora y les pidió *feedback* sobre su evolución, antes y después de terminar el programa.

Alumnado 4º (entrevista grupal)

> *Bueno, a nosotros nuestra tutora nos explicó un poco que ahora los profesores estaban haciendo una formación por todo esto y nos ha hecho hacer una encuesta para ver si había cambiado algo.*

Algunos estudiantes percibieron cambios muy concretos y positivos en algunos profesores con respecto a sus CEmo, como observar una mayor regulación emocional, que se traducía en "enfadarse menos y soportarlos más"; una mayor autonomía emocional, teniendo una actitud más positiva; una mayor consciencia emocional, compartiendo más sus emociones; así como mayores competencias sociales, empatizando más con ellos, más amables y con más predisposición a la hora de hablar.

Tema 3: Gestión del aula por parte del docente

Entendido como: Un mayor dinamismo por parte del profesorado a la hora de gestionar el aula e interactuar con el alumnado.

Algunos estudiantes percibieron además cambios muy concretos y positivos de ciertos profesores con respecto a su gestión del aula.

1ª CATEGORÍA

Mayor dinamismo.

Notaron clases más dinámicas, con menos teoría, donde se pedía más interacción de los estudiantes.

Alumnado 2º y 4º (entrevista grupal)

Bueno, sí, por ejemplo, en la clase de Biología, hemos hecho más trabajos y menos temario, lo estudiamos y hacemos el examen, es más interactivo… es guay.

2ª CATEGORÍA

Más atención al SER que al HACER

Muy interesante destacar que algunos estudiantes notaron que ciertos profesores estaban dando más importancia al SER y no solo al HACER.

Tema 4: Motivación y participación del alumnado en el aula

Entendido como: La capacidad por parte del alumnado de mostrar interés, implicarse y participar más en el aula.

Como consecuencia de los temas anteriormente descritos, los estudiantes también mencionaron haber percibido un cambio en su propio nivel de motivación y participación en clase, dado que el hecho de que los docentes mostrasen más empatía hacia ellos los animaba a tener menos vergüenza a la hora de participar, aunque comentaron también que esto cambiaba en función de la asignatura.

Alumnado 2º (entrevista grupal)

> *Sí, porque también ayuda, por ejemplo, si ves a un profesor que es más empático, te ayuda más a que no tengas tanta vergüenza a hablar en alto.*

C. Cambios percibidos por las familias y por el Equipo Directivo (ED)

Tema 1: Mejora de las CEmo de los docentes

Aquí nos referimos a la sensación del ED y de las familias de que los docentes habían mejorado en sus CEmo y en el uso de sus competencias como *coach* tras terminar el programa. En este caso fue más difícil identificar unas claras percepciones de cambio dado que, por un lado, sobre todo en el caso de las familias, pocos padres contestaron a la encuesta al finalizar el programa y, además, aportando datos de cierto valor y, por otro, se observaron muchas diferencias en la percepción de los integrantes de un mismo colectivo, como fue el caso de los dos miembros del ED.

A pesar de esto, también se llegó a percibir un cambio respecto al desarrollo de las CEmo de los docentes en estos colectivos; de allí nuestro interés en mencionarlo.

En concreto, uno de los miembros del ED observó una mejora en las competencias sociales, en particular notando una mayor empatía, implicación, participación e iniciativa en personas que normalmente no solían exponerse mucho, así como en la autonomía emocional y en la consciencia emocional del claustro docente.

Esta persona, parte del ED, fue de las primeras implicada en vivenciar la puesta en práctica de las competencias de un *coach* por parte de un compañero, miembro del grupo piloto, que la había ayudado mucho en un momento concreto que lo necesitaba, y realizó con ella, de manera informal, una sesión de *coaching*.

ED (entrevista individual)

> Y respecto a mí, tuve un momento así un poco de presión y un poco de agobio también y en ese momento una persona que hacía *coaching* me lo hizo a mí y me ayudó muchísimo, porque fue un momento de poder expresar las emociones y, entonces, yo recibir un apoyo y una ayuda.

Además, nos comentó que esta vivencia le había generado un cierto efecto contagio y, a partir de ese momento, había sentido la necesidad de poner más en práctica sus competencias sociales. Nos parece interesante mencionar que esta persona había realizado un máster de inteligencia emocional, y había mostrado, desde el primer momento, una particular sensibilidad y conocimiento de las CEmo, habiendo recibido previamente otra formación en habilidades de *coaching* en el mismo centro. Su mayor sensibilidad hacia la temática del programa y su mayor conocimiento de esta, consideramos jugaron un papel fundamental a la hora de percibir este cambio en el desarrollo de las CEmo del claustro.

ED (entrevista individual)

> *Fue como esta cadena de favores que te comentaba anteriormente llegó a mí, y a mí también que es algo que me gusta y estoy familiarizada, me despertó otra vez el poder poner en práctica ese tipo de habilidades sociales con los demás ¿no? es como que creo que es algo que se contagia...*

De hecho, pudimos comprobar que cuando existe una mayor lejanía hacia estos temas, se hace más complejo percibir los cambios, debido probablemente a que no queda del todo claro qué hay que observar. Por lo tanto, cuando se realizan estos programas es importante hacer partícipe y conocedor de ello a toda la comunidad educativa.

En el caso concreto de las familias, que durante el desarrollo del programa no tuvieron casi oportunidad de interactuar con el claustro, las únicas CEmo que se percibieron algo distintas fueron precisamente las competencias sociales, destacando, la valoración de una mayor escucha, de más comunicación del claustro hacia las familias y de una mayor búsqueda a la hora de encontrar soluciones.

Este aspecto se consideró de alguna manera coherente porque entre familias y docentes la comunicación y los aspectos afines a esta fueron los elementos más fáciles de observar, por lo menos al tratarse de una interacción tan limitada en horas y ajustada a unos pocos meses.

Por lo tanto, de cara a futuros programas, hay que tener en cuenta que para que el alumnado y las familias puedan percibir un cambio más significativo, necesitamos implementar programas más largos y generar más trato entre padres y docentes.

Tema 5: Facilitadores del cambio: utilidades y fortalezas

Entendido como: Los elementos que favorecen el cambio tras realizar un programa de CEd y que son puntos que muestran sus fortalezas y su utilidad. Entre estos, por ejemplo, la mejora de las relaciones del claustro, su mayor participación con respeto a otras formaciones, facilitar un espacio de reflexión para el profesorado, generar nuevos conocimientos y cambios en las conductas o simples aspectos más de diseño del mismo programa que han influido favorablemente en experimentar cambios.

Entra *las fortalezas* destacamos estas categorías:

1ª CATEGORÍA

La participación del claustro

Este fue uno de los aspectos que tanto el claustro como el ED destacaron más como una fortaleza. Ver que los compañeros, que no solían hacerlo, habían participado en dinámicas fue un aspecto que había sido propiciado, al parecer, por la amenidad del curso. El mismo ED se sorprendió al ver tanta implicación, ganas e ilusión en este tipo de curso. Muestra de ello el encontrarse con ciertas personas en el centro en horas que no les correspondía estar.

2ª CATEGORÍA

Aspectos estructurales

Otros elementos valorados como fortalezas del programa, tanto para el ED como para los profesores, fueron aspectos como la justa mezcla que se había hecho entre teoría y práctica, hacerlo en grupo, tener a dos facilitadoras en las sesiones del claustro completo y su forma de interactuar, la optimización de la estructura y la temporalización de la formación.

3ª CATEGORÍA

Experimentación de pequeños cambios

Otro elemento considerado un punto fuerte del programa fue el haber dado la posibilidad de realizar un pequeño cambio a cada participante. El ED había valorado especialmente la propuesta de cambio personal que realizó cada docente para mejorar su calidad personal y profesional, con acciones racionales y ejecutables, bajadas al terreno y que les permitiesen salir de su zona de confort y demostrar una mayor autonomía y proactividad (figura 5, pág. 97). Los profesores, por su parte, habían valorado aspectos como sentirse más abiertos, conectar con su positividad, juzgar menos y poder reafirmar los buenos valores de la humanidad.

Entra *las utilidades* destacamos estas categorías:

4ª CATEGORÍA

Nuevos conocimientos y nuevas herramientas

Se valoró que el programa hubiese proporcionado nuevos conocimientos y cómo estructurar mejor otros que ya se tenían.

Otro elemento considerado de gran utilidad fue el hecho de haber facilitado nuevas herramientas y dinámicas para utilizar en el aula, como la escucha, el refuerzo positivo, las preguntas, los ejemplos usados para ilustrar explicaciones y las distintas dinámicas proporcionadas, como la de PAP (profesores ayudando a profesores), para poderlas usar en las tutorías.

5ª CATEGORÍA

Espacios de reflexión

Otro aspecto que se identificó como punto fuerte del programa y facilitador del cambio fue la posibilidad de haber generado un espacio de reflexión para los docentes: pararse a reflexionar; encontrar una mezcla entre momentos amenos y otros más profundos; entender la reacción de los docentes frente a los estudiantes disruptivos e identificar ciertos perfiles; comprender mejor al alumnado y empatizar más con este.

El programa resultó útil para tomar consciencia de aspectos que ya se conocían, pero que estaban más olvidados, como la importancia que podía tener reforzar positivamente al otro, el uso de las preguntas poderosas, cómo había que comportarse en el propio lugar de trabajo y, en general, la complejidad de las cosas y de las situaciones.

6ª CATEGORÍA

Mejora de las relaciones

Un ulterior aspecto del programa considerado muy útil fue el haber mejorado el ambiente y las relaciones entre el mismo claustro y entre docentes y alumnado, teniendo más empatía hacia este último. El programa resultó útil para conocer a los compañeros docentes mejor, verlos con otra mirada, ver sus diferentes puntos de vista, analizar los comportamientos adultos y saber relacionarse con compañeros no siempre afines.

Tema 6: Continuidad y oportunidades del programa

> *Entendido como: La identificación de elementos externos e internos al centro que pueden favorecer la continuidad de un programa de CEd y contribuir a la creación de una cultura de CEd en la comunidad educativa.*

El lector encontrará los principales resultados de este tema en el último capítulo de recomendaciones (cap. 8).

Tema 7: Las dificultades para el cambio

> *Entendido como: La identificación de elementos internos del centro que pueden amenazar la percepción de una transformación y el hecho de dar continuidad al programa de CEd. Como ejemplos de ello están la falta de tiempo para profundizar en los contenidos de la intervención y ponerlo en práctica, y no integrarlo en programas similares y estructurarlo bien.*

Nos parece interesante identificar y tener presente también los elementos que pueden dificultar la percepción de estos cambios y debilitar el hecho de que se apueste para dar continuidad al programa, así como de diseñar y llevar a cabo estrategias para evitarlos.

1ª CATEGORÍA

Falta de tiempo para profundizar

La mayoría del claustro y el ED consideró que había faltado tiempo para profundizar más en el contenido del programa. Disponer de más tiempo, hubiese además ayudado a profundizar y aplicarlo con el alumnado en el aula.

2ª CATEGORÍA

Solapamiento con programas similares

Como otra amenaza a la continuidad del programa, se identificó la preocupación de que se solapara con otros de temáticas similares y quedasen como "islas", faltando una visión global que integrara los conceptos que, por otra parte, eran totalmente complementarios (véase el proyecto de LeaderInMe o el de interioridad, mencionado en el capítulo 4). De hecho, uno de los miembros del ED vio justamente esta última amenaza como una oportunidad de integrar el programa de CEd y los otros proyectos bajo un único paraguas, reforzando y alineando todos los conceptos.

Nos parecen interesantes y totalmente complementarias estas últimas dos visiones, así como el hecho de que finalmente para que el programa no sé olvidara pasados unos meses, se le diese continuidad, extendiendo además su aplicación a alumnado y a familias, aspecto clave para su éxito y consolidación.

2. ¿De que sirvió nuestro programa de intervención?

Llegado a este punto queremos resumir lo anterior, contestando a la siguiente pregunta:

¿Cuáles fueron los principales cambios experimentados por los docentes de secundaria en sus CEmo tras realizar el programa de CEd, así como los percibidos para los otros implicados en el centro?

Para los docentes:

1. El principal elemento de cambio percibido fue *el desarrollo de sus CEmo (*cada una en ciertos aspectos*) y su mejor gestión emocional.*
   - La AE (la más beneficiada), observando una mayor autoestima, automotivación, resiliencia frente a adversidades, toma de decisiones y delegación.
   - Las CS (la segunda más destacada), por un cambio observado en la manera de relacionarse con los demás.
   - La CE, por una mayor consciencia en la necesidad de un cambio en sus CEmo y cómo gestionarlas.
   - La RE, por la necesidad de pararse a pensar antes que actuar.
   - Las CVB (la donde se percibió menor cambio) por la necesidad de cuidarse y disfrutar más.
2. Otro elemento observado en el profesorado fue una *mayor práctica de las competencias de un docente-coach* que sirvieron para desarrollar las CEmo y en varios casos coincidieron con estas (el uso de la escucha, el de la empatía y el acompañar a cumplir

objetivos). Por otra parte, se necesitaba profundizar más en la práctica de estas competencias (mejorar su capacidad de hacer preguntas, de dar *feedback* y de acompañar a definir objetivos).

3. Otro elemento de cambio fue una *mayor participación e interés* del claustro en este tipo de intervenciones, por lo tanto, su mayor *nivel de compromiso*.

4. Otro elemento de cambio fue el *mayor nivel de conocimiento* que se logró sobre temas concretos al finalizar el programa (sobre el modelo de *coaching* SER MÁS o los conceptos de la disciplina positiva).

5. Otro elemento observado como cambio fue *la percepción de mejora del ambiente* en el claustro con respecto al inicial y al generado en anteriores programas similares.

Para el alumnado:

1. El principal elemento de cambio percibido volvió a ser el desarrollo de las CEmo de sus docentes. En concreto:
   - De su RE: en un menor enfado.
   - De su AE: en una mayor actitud positiva.
   - De su CE: en más empatía y comprensión.
   - De su CS: en más predisposición a hablar.
2. Una gestión del aula más dinámica e interactiva.
3. Una mayor motivación y participación del alumnado.

Para el Equipo Directivo (ED):

1. De nuevo, el principal factor de cambio percibido fue el desarrollo de las CEmo del claustro. Sobre todo, en sus CS, en la AE y en la CE.

2. El desarrollo de sus mismas CS (del ED) para experimentar un aspecto llamado "efecto contagio".

3. Una relación directa entre el conocimiento previo de los contenidos del programa y cierta sensibilidad hacia observar cambios y vivenciar este "efecto contagio".

Para las familias:

Para que estas puedan observar algún tipo de cambio en los docentes de sus hijos, necesitamos disponer de intervenciones más largas, que permitan una mayor interacción entre profesorado, alumnado y familias.

Finalmente, para el diseño de un programa con estas característi-cas es clave tener en cuenta tanto sus puntos fuertes y facilitadores, como los de mejora y sus amenazas, y el impacto que ambos tienen en su aplicabilidad y continuidad.

PARTE 3:

CONCLUSIONES Y RECOMENDACIONES

CAPÍTULO 7

CONCLUSIONES

Con este libro hemos querido, en primer lugar, fundamentar las competencias emocionales; en segundo lugar, describirlas; y, en tercer lugar, desarrollarlas. Esto ha sido posible gracias al trabajo de varios autores y a la experiencia vivida directamente en un centro escolar. En el contexto actual que estamos viviendo se ha vuelto necesario desarrollar nuestras competencias emocionales, y la educación y el rol que el profesorado desempeña en esta es fundamental.

Sabemos que las competencias emocionales son, precisamente, las que marcan la diferencia entre un buen y un muy buen docente, y son las que tienen que ver con generar y mantener la motivación del alumnado. En cualquier acción educativa que se valore debe haber un intercambio de emociones entre el docente y el discente, así que es inevitable que estas influyan en el proceso de enseñanza-aprendizaje.

Para desarrollar estas competencias emocionales, nos hemos centrado en el *coaching*, disciplina relativamente joven, a pesar de sus orígenes relacionados con otras más antiguas, y en su aplicación en el ámbito de la educación. Hemos visto cómo su uso puede ser de gran ayuda para acompañar al docente en su urgente y necesario cambio de rol, para pasar de ser transmisor de información a facilitador de la reflexión y transformador del conocimiento, mejorando, por lo tanto, la orientación en el proceso de aprendizaje y en el crecimiento del alumnado.

Hemos visto cómo el uso del *coaching* en educación, como método innovador tanto en estudios anteriores como en trabajos más recientes, como el nuestro, ha dado resultados positivos para el desarrollo de las competencias emocionales, aunque somos consciente de que se necesita seguir trabajando en esta línea, apoyándose en más evidencias.

En nuestro caso hemos observado cómo las competencias básicas de un *coach* y las emocionales coinciden y están relacionadas, de manera que la práctica de unas facilita el desarrollo de las otras, se retroalimentan. Con esto nos referimos a que, por una parte, mediante un proceso de *coaching* es posible mejorar el propio autoconocimiento y descubrir más claramente cuáles son las competencias emocionales que cada uno quiere desarrollar y, por otra, que solo se puede empezar un proceso de *coaching* si somos conscientes de cuáles son estas competencias y si estamos motivados para querer mejorarlas.

Mediante el caso descrito se ha visto que un programa de *coaching* en educación aporta beneficios en el desarrollo de las competencias emocionales de un centro escolar, empezando por mejorar la autoestima de sus miembros, el clima de la comunidad educativa y la gestión del aula.

Siempre, y gracias a la observación llevada a cabo, sugerimos que puede ser buen punto de partida medir el nivel de competencias emocionales auto-percibido por un claustro u otros miembros de la comunidad mediante herramientas ya validadas, como las que se utilizaron en nuestro caso (CDE-A35, ver capítulo 5). Estos niveles sirven para ver, desde el punto de vista más cuantitativo, la mejora significativa de estas competencias al terminar un programa (antes y después), así como para definir en qué aspectos en concreto se quiere basar el plan de mejora de cada participante.

Otro elemento importante que sugerimos tener en cuenta para diseñar un programa de formación continuada para el profesorado, así como para facilitar su aplicabilidad, éxito y continuidad, es conocer la idiosincrasia del contexto donde se vaya a desarrollar, es decir, su cultura.

Hay elementos del mismo centro que facilitan la acogida de un programa como el nuestro, como, por ejemplo: el conocer su visión, su misión y sus valores, el tener un diagnóstico de sus fortalezas y sus ámbitos de mejora, el comprender sus procesos y políticas internas, el tener claro el interés que existe en la escuela por el tipo de programa y qué elementos pueden suportarlo. Además, para fomentar su aplicabilidad, a los anteriores elementos, podemos añadir y tener en cuenta otros como: el potenciar la participación en el programa por parte de los asistentes, el facilitar herramientas prácticas para la gestión del aula, una mejor relación y confianza entre los miembros del grupo y un trabajo más profundo de autoconocimiento.

Por otra parte, hay otras variables contextuales que, en cambio, pueden dificultar la puesta en marcha, la aplicabilidad y la continuidad del programa y que también vale la pena tener en cuenta antes de su diseño, como, por ejemplo, una actitud negativa y la resistencia por parte del mismo profesorado hacia el cambio y la innovación, una falta de interés y cierta desconfianza hacia al programa en sí, una falta de afinidad entre los mismos miembros del claustro que dificulta el abrirse y compartir vivencias, el no considerar los contenidos del programa como aplicables en el aula, la poca comunicación entre el centro y las familias y una baja autoestima del profesorado.

Y si a todos estos le añadimos elementos externos a los docentes como el no disponer de tiempo para aplicar el contenido del programa y practicarlo, o tener que realizarlo en horario extralaboral, o la falta de habilidades de los mismos facilitadores a la hora de dinamizar el programa, su aplicabilidad y continuidad, se complica un poco más.

Al tener en cuenta todos estos elementos, definiendo e implementando unas estrategias preventivas, la probabilidad de que nuestra intervención sea un éxito y pueda ser aplicada y sostenida en el tiempo, sin duda crece, aunque es cierto que siempre hay el factor "sorpresa" y, evidentemente, cada situación es distinta (de allí la extrema importancia de conocer estos elementos contextuales).

Todo esto es lo que nos ayudó en nuestro caso concreto y que permitió esta percepción de mejora sobre cada una de las competencias emocionales docentes. Recordamos que, en el caso de su autonomía emocional, observamos una mejora de su autoestima y una actitud más positiva; en sus competencias sociales, una mirada más empática hacia el otro, intentando no juzgar y relacionarse de manera distinta con los demás; en su consciencia emocional, una mayor percepción de la necesidad de cambio; en su regulación emocional, reflexionar más antes de actuar y, en sus competencias de la vida y del bienestar, más atención en cuidarse y disfrutar.

Además, también pudimos observar una mayor práctica de las competencias de un docente-*coach*, cuando se dispone de más tiempo para profundizar en ellas; asimismo, un mejor conocimiento sobre la temática objeto del programa, un ambiente más agradable en el claustro y unos cambios en sus conductas.

Por lo que concierne al alumnado, nuestros resultados ya ponen de manifiesto que merece la pena apostar por estos tipos de programas, a pesar de su corta duración, dado que los estudiantes observaron elementos distintos en sus docentes en cuanto a sus competencias emocionales y a su desarrollo. Los percibieron más positivos, tranquilos, abiertos a escuchar y a entenderlos y con una mayor predisposición para hablar con ellos. Además, observaron una gestión del aula más interactiva, y todo esto influye positivamente en el mismo alumnado, tanto en su motivación como en su participación. El alumnado necesita programas más largos para percibir cambios mayores, hay que seguir en esta línea.

En cuanto al equipo directivo, consideramos muy importante que disponga de un conocimiento y de cierta sensibilidad previos sobre la temática y que hayan participado en programa similares. Esto facilita también la percepción de cambios, por su parte, en el desarrollo de las competencias emocionales del profesorado.

Finalmente, las familias también necesitan de un mayor trato y conocimiento del claustro docente para que puedan percibir algún tipo de cambio, dado que se intuyó que, con una mayor interacción con el profesorado durante la realización del programa, sí que los padres apreciarían el desarrollo de sus competencias emocionales.

Por lo tanto, concluimos que además de recomendar la implementación de estos tipos de programas, hay que ampliar su duración, para facilitar la percepción de cambio en el desarrollo de sus competencias emocionales en quien los realiza y, también, gracias a este "efecto contagio", en el resto de la comunidad educativa. A esto hay que añadir que para que el programa funcione es de extrema importancia que la intervención que vayamos a realizar no sea *prêt-à-porter*[1], sino más bien de *alta costura*. Con el primer término entendemos algo "listo para llevar", mientras, con el segundo, siguiendo con el mismo estilo de metáfora usado en el mundo de la moda, nos referimos a algo que sea contextualizado al centro donde se vaya a llevar a cabo y no algo ya confeccionado. Por ello es imprescindible conocer bien el contexto, cuáles son sus necesidades e identificar, antes del diseño del programa, cuáles son las variables contextuales principales que, por un lado, pueden facilitar y, por otro, dificultar, su acogida y su continuidad.

A todo lo comentado, recordamos la importancia de integrar programas como el nuestro en una estructura común de formaciones similares bajo un único paraguas y que, para validar estos tipos de programas, es necesario involucrar en su diseño a un equipo multidisciplinar de profesionales; es decir, que la implicación de más personas y figuras en el equipo es imprescindible, entre ellos: diseñadores y creadores de contenidos, facilitadores, *coach*, investigadores y por supuesto la misma comunidad educativa.

Finalmente, para crear una cultura de *coaching* en educación, un programa como el nuestro no tiene que considerarse una formación de "tantas" horas, sino más bien una intervención de acompañamiento

---

[1] *Prêt-à-porter* es una expresión francesa que se atribuye a Pierre Cardin; empezó a usarse en 1950 con la idea de democratizar el acceso a la moda. El *prêt-à-porter* hace referencia a prendas de ropa que se producen en serie, con materiales más económicos que los que se usan en la alta costura (*haute couture*) y que están listas para llevar (Pérez y Gardey, 2019).

para unas pocas personas, debidamente seleccionadas, que luego podrán acompañar y formar a otras (figura 1).

Todo esto nos apoya y anima a que se siga apostando para formar al profesorado en estos temas.

Figura 1: Conclusiones, ideas principales

Fuente: Chianese, 2021

CAPÍTULO 8

RECOMENDACIONES

A continuación, queremos ofrecer a nuestro lector unas recomendaciones finales, en formato de decálogo, para que le sirvan como recordatorio de los principales puntos a tener en cuenta antes, durante y después la implementación de un programa integral de *coaching* en educación o intervenciones similares en el caso se animara a realizar alguno.

1ª RECOMENDACIÓN

Para una constante mejora de la calidad educativa hay que *potenciar la formación docente*. Por ello, proponemos incluir, formalmente, en los planes de estudio del máster del profesorado de Educación Secundaria, contenidos sobre las competencias emocionales, su mejor conocimiento y su desarrollo, contando con procesos innovadores que lo faciliten como puede ser el *coaching* y su aplicación al ámbito de la educación.

2ª RECOMENDACIÓN

Sería pertinente *integrar este tipo de intervenciones en el currículum formativo del profesorado de secundaria* para ayudarlo a potenciar todos estos aspectos y, concretamente, para mejorar posibles carencias en materia de competencias emocionales.

3ª RECOMENDACIÓN

Este nuevo contenido tiene que *seguir siendo un tema presente en los planes de formación continuada de los docentes* a lo largo de toda su trayectoria profesional –tal y como se exige a los *coach* profesionales, para mantener sus acreditaciones–.

4ª Recomendación

Antes de llevar a cabo programas como el descrito en este libro, se tendría que realizar, siempre que sea posible, *una detección en profundidad de sus necesidades*, mediante entrevistas, observación *in situ*, etc., que tenga en cuenta la cultura de la escuela, su idiosincrasia, las voces y las percepciones de sus distintos protagonistas y que no se limite a ser una acción puntual, sino más bien un verdadero programa de intervención global y completo, a medio-largo plazo, que incluya un posible cambio cultural hacia esta transformación educativa que la sociedad actual nos está casi "exigiendo".

5ª RECOMENDACIÓN

Para poder generar *una verdadera cultura de CEd* es necesario tener en cuenta estos 3 elementos:

1. Para que los cambios percibidos puedan ser significativos y perduren en el tiempo se tiene que llevar a cabo un programa integral de *coaching* en educación cuya *duración podría ser diferente según el colectivo a quien vaya dirigido*. Para el profesorado ya en ejercicio, sugerimos que su duración sea superior a las 30 horas (para realizar cambios en sus hábitos); mientras que, para docentes en su etapa inicial, un programa como el descrito en el libro, de unas 25 horas, puede ser suficiente. De todos modos, en ambas situaciones, la intervención tiene que ser integral e incluir varias acciones, un plan de acción y un seguimiento personalizado por parte de un profesional experto en *coaching*.

2. Sugerimos empezar por *las tres líneas de actuación del CEd* identificadas por Luna-Arocas (2020): la formación en competencias de *coach* al profesorado, la involucración del liderazgo directivo en ella y el generar un verdadero contexto de *coaching* en educación para que el profesor, como *coach* y como *coachee,* ayude a los docentes a lograr sus objetivos. Es importante dejar claro de cara a futuras intervenciones, que un programa de CEd no sirve para legitimar decisiones que quiera tomar el equipo directivo de un centro escolar, ni para dictar sentencia y que es importante, antes de empezar a trabajar con el claustro, intervenir con la dirección al completo. Es además necesario que el equipo directivo y el profesorado tengan una *mentalidad de talento*, que permita pasar del concepto de un aprendizaje basado en memorizar, a uno más holístico, basado en reflexio-

nar y en pensar de manera crítica. Esta mentalidad conlleva la visión de un educador que acompaña a las personas para que descubran su potencial de manera personalizada.

3. Estos tipos de programas tienen que *contar con un equipo humano multidisciplinar* para abordar de manera completa tanto su preparación previa, conociendo bien el contexto y sus necesidades como el diseño de un contenido a medida, implementarlo y hacer un seguimiento personalizado. Por todo ello, nos parece importante mencionar que, para realizar programas integrales de *coaching* en educación, se necesitan presupuestos económicos adecuados.

6ª. RECOMENDACIÓN

Estos programas de *coaching* en educación tienen que ayudar a *generar un «pensamiento reflexivo»* (Schön y Bayo, 1998) en el profesorado, tanto sobre el desarrollo de sus competencias emocionales como sobre su nuevo rol de naturaleza más bien tutorial y de orientación, lo que facilita el buen aprendizaje para el alumnado.

7ª RECOMENDACIÓN

Par *dar continuidad* en el tiempo a este tipo de intervenciones deberían de constar de otras partes, además de las utilizadas en el programa y descrito en el libro (Blanco, 2018; Colbert, 2020). Sugerimos, por ejemplo, realizar unas sesiones de seguimiento, prácticas supervisadas del profesorado y toda una serie de actividades, espaciadas en el tiempo, que permitan el desarrollo de un programa integral de *coaching* en educación con un acompañamiento personalizado (Entrena y Regi, 2020), según la evolución de cada asistente y con actualizaciones frecuentes, en línea con una realidad en constante cambio, que influye y transforma continuamente la manera de aprender del alumnado (Blanco, 2018). La misma comunidad educativa de nuestro centro, una vez terminada la intervención, propuso dos líneas de continuidad muy interesantes que queremos mencionar: una de *formación interna* y otra de *formación externa*. En el caso de la primera, la interna, consistiría en "micro formaciones" de traspaso de las personas ya formadas a las no formadas en cada ciclo. En cuanto al formato para darle continuidad internamente, se aconseja crear un comité de *coaching* que haga seguimiento, además de aplicar lo aprendido y practicarlo periódicamente en las reuniones del claustro, y todo esto promovido por los docentes más implicados, que han realizado el traspaso. En cuanto a la segunda propuesta, la formación externa, se seguiría formando al claustro con más horas de acompañamiento en un formato de seguimiento trimestral por parte de coaches expertos externos. Consideramos que las dos propuestas son totalmente complementarias y pueden coexistir.

8ª RECOMENDACIÓN

Sería importante *ofrecer estos programas a todos los niveles de la educación*, desde la primaria a la superior y observar sus efectos especialmente en contextos donde haya un alumnado en edades más tempranas y cómo esto puede repercutir y beneficiar en su desarrollo adulto. Además, habría que realizar estos programas integrales con el resto de colectivos de un centro, empezando por el alumnado y por las familias. Colbert (2020) en su trabajo habla de los tres aspectos positivos que mejoran la convivencia en la familia al aplicar el *coaching* entre pares en este ámbito: disminuye la violencia, aumenta el respeto de los padres por el tiempo libre de los niños y mejora la resolución de problemas mediante el diálogo. También sería interesante observar los efectos que puede tener una intervención como esta en el desarrollo de otras de las competencias definidas como básicas.

9ª RECOMENDACIÓN

En el momento actual que estamos viviendo y tras sufrir una crisis sanitaria en el 2020 debida a la COVID-19 (Heredia, 2020) podemos afirmar que el desarrollo emocional es igual de importante que el académico; por lo tanto, *necesitamos preparar a nuestro alumnado para gestionar sus emociones*, y es evidente que hoy, más que nunca, es vital desarrollar de manera consciente y sistemática las competencias emocionales que los estudiantes necesitan para afrontar y superar con éxito una incertidumbre con la cual probablemente tendrán que convivir durante el resto de su vida adulta.

10ª RECOMENDACIÓN

Os animamos a *seguir realizando y documentando programas* como el descrito en este libro para contribuir a que el *coaching* sea reconocido como una opción válida para ayudar a la educación actual a cumplir con uno de sus principales objetivos, sino el más importante: el desarrollo integral de la persona.

DIFUSIÓN Y PUBLICACIONES VINCULADAS A ESTE LIBRO

Como hemos mencionado en la introducción, la fuente de inspiración de este libro ha sido una investigación que se realizó en el marco de una tesis doctoral.

Para difundir sus hallazgos y llegar a un público más extenso, se han publicado resultados parciales de ella en publicaciones y eventos científicos que a continuación referenciamos.

Publicaciones

Chianese, C. y Prats Fernández, M. A. (2021). Desarrollo de las competencias emocionales del profesorado de secundaria mediante una intervención integral en coaching. *Revista Española De Orientación y Psicopedagogía, 32*(2), 110–131.
https://doi.org/10.5944/reop.vol.32.num.2.2021.31282

Congresos y ponencias científicas

Chianese, C. y Prats, M.A. (2023). Las variables contextuales que facilitan y dificultan el éxito y continuidad de un programa integral de coaching en educación para el desarrollo de las competencias emocionales. Estudio de un caso en secundaria. V CIIEB. Presentado en Zaragoza: Asociación Aragonesa de Psicopedagogía (AADP). ISBN: 978-84-09-57581-7. Pp.119-133.

Chianese, C. y Prats, M.A. (2023). Coaching aplicado al ámbito educativo para el desarrollo de las competencias emocionales del profesorado. Estudio de un caso en secundaria. V CIIEB. Presentado en Zaragoza: AADP. ISBN: 978-84-09-57581-7. Pp.134-147.

Chianese, C. y Prats, M.A. (2022). Programa integral de coaching y desarrollo de las competencias emocionales de un claustro de secundaria: estudio de caso. XX Congreso Internacional de Investigación Educativa, AIDIPE, 16 de junio de 2022. Libro de acta.

Chianese, C. y Prats, M.A. (2021). Percepciones de un claustro docente de la E.S.O. sobre el desarrollo de sus CEmo tras participar
en un programa de CEd contextualizado. IV CIIEB. Reflexiones,
experiencias profesionales e investigaciones. Presentado en
2021, Zaragoza: AADP. ISBN: 978-84-09-32613-6. Pp. 69-83.

Chianese, C. y Prats, M.A. (2018). Aproximacíon a la relación del
Coaching en Educación con las Competencias Emocionales de
los docentes. Estudio de un caso en un centro escolar de E.S.O.
en Barcelona. Congreso FIET (Forum internacional de educación
y tecnología).

ANEXOS

REFERENCIAS BIBLIOGRÁFICAS Y ACCESO A OTRAS HERRAMIENTAS DEL PROGRAMA DE COACHING INTEGRAL

La editorial, teniendo en cuenta la relevancia que tienen tanto las referencias bibliográficas citadas en él texto como las herramientas utilizadas en el programa de *coaching* integral descritas en el libro, ha optado por crear dos códigos QR mediante los cuales el lector podrá acceder fácilmente a este material, para su consulta directa.

Recordamos que el material presente en la carpeta no entra en conflicto con la ley de protección de datos y confidencialidad.

Código QR1: Referencias bibliográficas completas del libro

En el código QR1 se encontrarán los siguientes contenidos:

- Bibliografía completa del libro
- Referencias bibliográficas sobre los antecedentes del *coaching*
- Tabla tipificación de las definiciones de *coaching*

Código QR2: Más herramientas para un programa de *coaching* integral para secundaria

En el código QR2 se encontrarán los siguientes contenidos:

- Encuesta a docentes pre y post programa: 2 modelos
- Encuestas a familias post-programa: 1 modelo
- Informe grupal de los resultados del test CDE-A35: Pre y Post test del Claustro Docente del centro FA
- Programa parte A (todo el claustro): las seis sesiones, más otras herramientas usadas en esta parte del programa.
- Programa parte B (grupo piloto): las dos sesiones, más otras herramientas usadas en esta parte del programa.